Der geheime Ursprung der Redensarten

ANDREA SCHOMBURG
IRMELA SCHAUTZ

Der geheime Ursprung der Redensarten

DUMONT

Inhalt

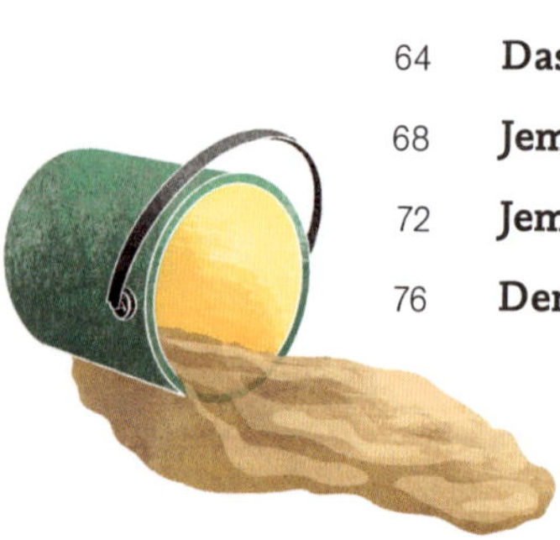

Vorwort

Wir beherrschen sie aus dem Effeff und verwenden sie am laufenden Band – Redensarten sind gewissermaßen das Salz in der sprachlichen Suppe. Manchmal in Formulierung, Bedeutung und Herkunft so klar wie Quellwasser, oft aber auch schräg und rätselhaft. Wie ist es beispielsweise zu der Wendung „etwas aus dem Ärmel schütteln" gekommen für das anscheinend mühelose Erledigen einer Angelegenheit? Was sind das für Würmer, die man dem Auskunftsunwilligen aus der Nase zieht? Und was, um alles in der Welt, sind die Leviten, die man jemandem liest oder selbst gelesen bekommt?

Diese und weitere sprachhistorische Geheimnisse werden im Folgenden entschleiert. Das Buch taucht dabei tief in die kulturellen und sozialen Gegebenheiten vergangener Zeiten ein und fördert spannende, lustige und erstaunliche Sprachgeschichten zutage. Doch nicht alle hier aufgeführten Ursprünge entsprechen der Wahrheit: Zu jeder Redensart gibt es außer der richtigen Erklärung noch drei geflunkerte Herleitungen, zusammengestrickt aus Fakten und frei erfundenen Details. Mit anderen Worten: Wie in diesem Buch gelogen wird, das geht auf keine Kuhhaut!

Dabei werden die Redewendungen zusätzlich ins – nicht unbedingt rechte – Bild gerückt: Die Illustrationen geben die Wörter und Ausdrücke nicht eins zu eins wieder, sondern gehen assoziativ und poetisch mit ihnen um. Details greifen die verschiedenen (belegten und erfundenen) Definitionen spielerisch auf, ohne die richtige Antwort zu verraten, provozieren Fragen, regen zum Nachdenken und Schmunzeln an.

Den Leserinnen und Lesern obliegt es, allein, mit Freunden oder der Familie die Spreu vom Weizen zu trennen, die korrekten Herleitungen zu erraten oder sich einfach an den wuchernden Fantasiegebilden und erstaunlichen Wahrheiten zu erfreuen. Letztere – und vieles mehr – erfahren Sie im Auflösungsteil.

Also packen Sie die Gelegenheit beim Schopf! Wir wünschen Ihnen, dass Sie beim Raten nicht zu oft der falschen Lösung auf den Leim gehen, meistens den Nagel auf den Kopf treffen und sich über jede richtige Antwort freuen wie ein Schneekönig!

Andrea Schomburg und Irmela Schautz

Etwas aus dem Ärmel schütteln

»Toll, wie Sie das so aus dem Ärmel schütteln!« Ein Kompliment, das die Dichterin, den Stegreifredner, die perfekte Gastgeberin ganz besonders freut, bedeutet es doch, etwas Schwieriges schnell und mit scheinbarer Leichtigkeit zu erschaffen. Nicht erkennen zu lassen, was an Mühe oft doch dahintersteckt, das ist ja die wahre Kunst.

1.

Die Wendung bezieht sich auf Harry Houdini (1874–1926), den weltberühmten US-amerikanischen Entfesselungskünstler und Zauberer, der im Jahre 1918 mitten auf dem Times Square in New York unter den Augen einer fassungslosen Öffentlichkeit einen ganzen Elefanten spurlos verschwinden ließ. Da gehörte es noch zu seinen leichteren Übungen, Tauben, Kaninchen und ganze Entenfamilien aus seinen Ärmeln hervorzuzaubern, wobei er diese dabei auf so charakteristische Weise schüttelte, dass die Bewegung zu der Redensart führte.

2.

Wie in allen Epochen war auch im Mittelalter die Kleidung wechselnden Modeströmungen unterworfen. Der Hennin, die spitze Schleierhaube der Damen am Hof von Burgund, ist ebenso Bestandteil einer kollektiven Ikonografie geworden wie die grotesk verlängerten Schnabelschuhe der vornehmen Herren, die anzeigten, dass der Träger keinerlei körperliche Arbeiten verrichten musste. Weniger bekannt sind einige praktische Elemente der Kleidung, etwa sehr weite Ärmel, die als Taschen dienten. Kleine Gebrauchsgegenstände und Münzen konnten so problemlos mitgeführt werden und wurden bei Bedarf lässig »aus dem Ärmel geschüttelt«.

3.

Die Wendung stammt aus der Welt des Kartenspiels, genauer gesagt: aus dem Bereich des Falschspielens. Wir alle kennen die Gauner aus den Western: Elegant, mit gepflegtem Schnurrbart und dennoch irgendwie schmierig sitzen sie am Spieltisch, im Ärmel das Ass, das sie bei Gelegenheit unauffällig herausgleiten lassen, womit sie den Sieg gewissermaßen aus dem Ärmel schütteln – jedenfalls so lange, bis die Trickserei auffliegt, eine Saloon-Schlägerei beginnt und die Betrüger mit Schimpf und Schande aus der Stadt gejagt werden.

4.

In der Römerzeit wurde Fortuna, die Göttin des Glücks, gewöhnlich als schöne, leicht bekleidete Frau mit einem Füllhorn dargestellt, aus dem sie ihre Segnungen über die Sterblichen herniederregnen ließ. Kein Wunder, dass das Volk gern am Glauben an sie festhalten wollte. Von den Kirchenvätern des 12. Jahrhunderts wurde sie daher zunächst zu einer Dienerin Gottes umgedeutet, obwohl die Figur nicht so recht zum Christentum passen wollte. Bald aber galt sie als launisch, unzuverlässig und wankelmütig. Auch ihre knappe Garderobe war nicht mehr akzeptabel, weshalb sie auf zahlreichen Gemälden im zeittypischen Ärmelkleid erschien: Aus dem linken Ärmel schüttelte sie das Unglück, aus dem rechten das Glück. Welchen Ärmel sie aber wählen würde, das eben konnte man vorher nie wissen …

In Bausch und Bogen

»Das kannst du doch nicht so in Bausch und Bogen ablehnen!«, sagen wir, wenn jemand eine Sache glattweg zurückweist, ohne sich zunächst einmal mit den Details der fraglichen Angelegenheit auseinandergesetzt zu haben. Was aber haben Bausch und Bogen mit dem großen Ganzen zu tun, mit dem Ignorieren von Einzelheiten?

1.

Bei der seit Ende der 1820er-Jahre nachgewiesenen Redewendung handelt es sich um einen Fachausdruck des Schneiderhandwerks zur Biedermeierzeit, als zur Hervorhebung der schmalen Taille die Ärmel der Damenkleider immer bogenförmiger und gebauschter gestaltet wurden. Spötter sprachen von »Hammelkeulen« und »Schinkenärmeln«. Die Schneider allerdings hatten wenig davon: Nach einem Erlass von 1829 mussten Rechnungen für Damenkleider pauschal im Voraus und mit dem ausdrücklichen Zusatz »mit Bausch und Bogen« gestellt werden. Etwaigen Mehraufwand an Arbeit und Material für spezielle Aufbauschungen durften die Schneider nicht extra berechnen.

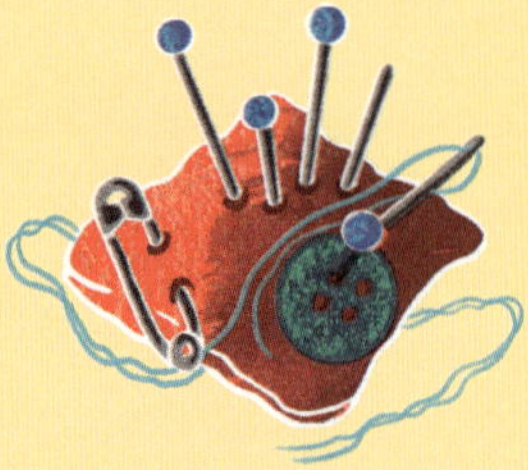

2.

Der Bogen war von der Steinzeit bis in die frühe Neuzeit in ganz Europa eine gefürchtete Kriegswaffe. Ein Pfeil konnte mit Leichtigkeit ein Kettenhemd oder sogar einen Plattenpanzer durchbohren. Im Mittelalter belieferten die Waffenhersteller die Krieger allerdings mit einer Art Bausatz, der zunächst einen wenig martialischen Eindruck machte: Am Bogenstock baumelte harmlos die zu einem kleinen Bausch aufgerollte Sehne, denn geliefert wurde, wie sich anhand von Auftragsbüchern belegen lässt, »in Bausch und Bogen«. Erst kurz vor Gebrauch wurde die Sehne entrollt und, den individuellen Bedürfnissen des Schützen entsprechend, gespannt.

3.

Bei der Redewendung handelt es sich um eine Formel aus der Zeit des französischen Absolutismus: Der Dritte Stand hatte hohe Abgaben an den *Seigneur* zu entrichten, ohne Rücksicht auf die individuellen Lebensbedürfnisse; meist blieb nicht genug für Grundnahrungsmittel und Unterkunft übrig (in der früheren Umgangssprache: *ni bouche ni bogaun* für »weder Essen noch Wohnstatt«; aus *bogaun* entwickelte sich später frz. *le bouge*, »Kaschemme, Spelunke«). Die Klage der armen Leute, die allmählich generell ausdrückte, dass es schlicht an allem fürs Leben fehlte, verbreitete sich überregional und gelangte schließlich als volksetymologisch angeglichene Wendung »in Bausch und Bogen« in den deutschen Sprachgebrauch.

4.

Die Redensart wurde ursprünglich beim Landvermessen gebraucht, wie Jacob Grimm 1852 in seinem *Deutschen Wörterbuch* umfassend erklärt: »bei grenzen heiszt *bausch* die auswärts, *boge* die einwärts gehende fläche, *bausch* das schwellende, *boge* das einbiegende, daher die redensart in *bausch und bogen*, eins gegen das andere, im ganzen, in folle genommen.« Seit etwa 1700 ist die Wendung im allgemeineren Sinn, nämlich in der Bedeutung »allgemein und ohne Einschränkung« in der Rechts- und Kaufmannssprache nachweisbar; mit der Zeit verlor sich der konkrete Bezug zur Abmessung von Grundstücksflächen, und die heutige Bedeutung blieb übrig.

Kein Blatt vor den Mund nehmen

Die Bedeutung dieser Redewendung ist wohl allgemein bekannt: Man sagt ohne jegliche Höflichkeitsfloskel, was man denkt. Aber warum muss extra betont werden, dass man dies »blattlos« tut? Nahm man denn irgendwann im wörtlichen Sinne ein Blatt vor den Mund? Und was für eine Art von Blatt könnte das gewesen sein?

1.

Wie so viele Ausdrücke stammt auch diese Redensart aus der Bibel, allerdings aus den Apokryphen, die außerkanonische Texte, Heiligenlegenden und Ähnliches enthalten und sich ausführlich mit den ersten Lebensjahren von Jesus befassen. Während der »Anbetung der Hirten« soll ein Hirtenjunge voller Freude in den Gesang der Engel eingestimmt haben, allerdings hielt er sich dabei aus Scham über seine irdische Menschenstimme das Blatt einer Feige vor den Mund. Das Jesuskind soll sein Händchen ausgestreckt, das Blatt heruntergezogen und den Hirtenjungen so ermuntert haben, unbesorgt an der Lobpreisung teilzuhaben (vgl. das bekannte Gemälde von Ludwig Richter, auf dem sich der Hirtenknabe allerdings das Blatt einer deutschen Eiche vor den Mund hält).

2.

»Blatt« war ein Ausdruck der mittelalterlichen Waffenkunde und bezeichnete das glatte Visier eines Helms, das zum Kampf heruntergeklappt werden konnte. Der Ritter nahm »das Blatt vor den Mund«, um sein Gesicht vor Verletzungen zu schützen. Wer kein Blatt vor den Mund nahm, kämpfte mit offenem Visier, was als Zeichen für besonderen Mut galt und nach wie vor ein Ausdruck für Fairness und Offenheit in der Auseinandersetzung geblieben ist.

3.

Die Redewendung nimmt Bezug auf eine frühere Theatersitte: Nicht jeder Herrscher konnte Kritik auf der Bühne souverän ertragen und unterscheiden, ob der Schauspieler in der Rolle oder als Privatmann etwaige Respektlosigkeiten geäußert hatte. Um sich unkenntlich zu machen und sich so im Notfall der Verantwortung zu entziehen, hielten die Schauspieler sich ein Blatt als Maske vor den Mund. Die Wendung fand im übertragenen Sinn schnell Eingang in den allgemeinen Sprachgebrauch.

4.

Das Blatt in der Redensart bezog sich ursprünglich auf die Karten, die ein Spieler beim Skat oder bei dessen Vorgänger Schafkopf erhielt. Ein Pokerface, das den Mitspielern verbirgt, ob man ein gutes oder schlechtes »Blatt« hat, war beim Skatspiel früher jedoch nicht nötig: Man hielt sich die Karten, die man zugeteilt bekommen hatte, so vor das Gesicht, dass die Mitspieler nicht von der Mimik auf die Qualität der Karten schließen konnten. Wer »kein Blatt vor den Mund nahm«, lief Gefahr, durch allzu viel Offenheit von vornherein »schlechte Karten« in diesem Spiel zu haben.

Unter einer Decke stecken

»Die stecken doch alle unter einer Decke!« Diese Vermutung haben die meisten von uns schon einmal geäußert, und immer wird diese Allianz unter der Decke als eine eher unheilige betrachtet. Wie aber ist dieser Ausdruck entstanden?

1.

Wie so viele Redewendungen der deutschen Sprache – etwa »auf Sand bauen«, »im Dunkeln tappen« oder »sein Licht unter den Scheffel stellen« – wurde auch diese von Martin Luther geprägt. In einer seiner bekanntesten Streitschriften gegen die katholische Kirche (»Wider das Papsttum zu Rom, vom Teufel gestiftet« von 1545) wettert er gegen »des Teufels Larven«, die »sambt und sonders unter der nämlichen Dekke stekken und mauscheln und munckeln«. Mit »Dekke« ist hier das Antimension gemeint, das geweihte Altartuch der katholischen Kirche, dessen unabdingbare Notwendigkeit für die Feier der heiligen Messe erst mit dem Zweiten Vatikanischen Konzil 1965 abgeschafft wurde.

2.

Diese Redensart mit negativer Konnotation hat einen durchaus schönen Ursprung: Sie nimmt Bezug auf eine mittelalterliche Hochzeitssitte. Das junge Paar wurde von der gesamten engeren Verwandtschaft ins Schlafzimmer geleitet, durfte ins Bett steigen und wurde sorgsam zugedeckt. Damit galt die Ehe als offiziell geschlossen. Wann – und ob überhaupt – die Verwandtschaft sich dann zurückzog, damit die frisch Vermählten dem nachgehen konnten, was sie ab jenem Zeitpunkt ganz legal unter der ehelichen Bettdecke tun durften, ist nicht überliefert.

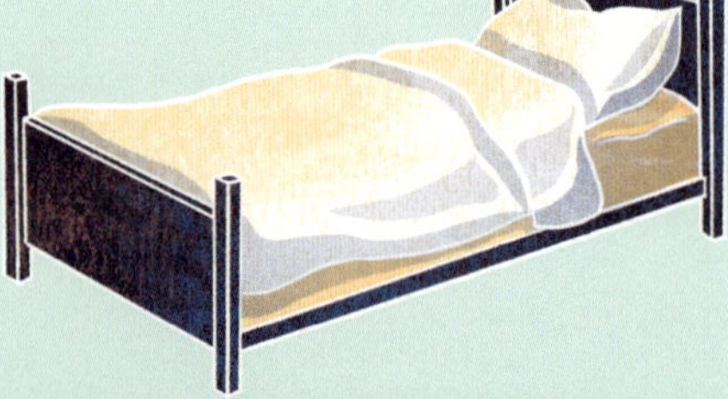

3.

Reisen im Mittelalter waren gefährlich und beschwerlich. Allein machte sich fast niemand auf den Weg – nur in einer Gruppe konnte man hoffen, lebendig ans Ziel zu kommen. Da Herbergen jedoch teuer waren, mietete sich oft nur einer der Reisenden ein, ließ dann des Nachts seine Kumpane herein und teilte mit ihnen Zimmer, Bett und Bettdecke. Sehr zum Ärger des Wirts, der von dieser Erschleichung wusste, sie aber nur in seltenen Fällen unterbinden oder nachweisen konnte. »Die stecken alle unter einer Decke« wurde so zu einer Redensart, die eine gemeinsam illegal praktizierte Aktivität beschreibt, von der die Akteure hoffen, sie bleibe unentdeckt.

4.

Die Wendung geht zurück auf eine bis ins 19. Jahrhundert hinein ausgeübte Tradition vom Chiemsee, das »Deckerln«: Am ersten Mai wurden zwei Decken von der gleichen beträchtlichen Größe auf einer Wiese ausgebreitet, und dann hechteten, angefeuert vom Rest der Gemeinden, die jungen Leute zweier Dörfer und beiderlei Geschlechts unter ihr jeweiliges Stoffstück. Sieger war das Dorf, unter dessen Decke die meisten Menschen steckten, wobei der Saum überall den Boden berühren musste und kein Arm oder Bein hervorschauen durfte. Die Verlierer mussten das anschließende gemeinsame Festmahl ausrichten.

Nicht viel Federlesen(s) machen

Mit der Redensart »nicht viel Federlesen(s) machen« macht die Sprachentwicklung ihrerseits nicht gerade viel Federlesen(s) … Aber noch kennen viele den Ausdruck und wissen, was er bedeutet: keine Umstände machen, sich keine besondere Mühe geben. Das auffällige -s in Klammern rührt daher, dass früher auch »viel des Federlesens« gesagt wurde. Aber weshalb wurden überhaupt »Federn gelesen«?

1.

Als »Federlin« bezeichnete man im Mittelalter alles, was klein, leicht und fluffig war, von der Flaumfeder bis zur Staubfluse. Während der Flaum gern zur Polsterung von Kissen oder Winterkleidung verwendet wurde, musste man sich vor Federlin in Form von Wollmäusen hüten. Brachten sie doch, gerade unterm Ehebett, dem Aberglauben zufolge Unglück, wie etwa schwere Geburten. Im *Sachsenspiegel*, dem wichtigsten Rechtsbuch der damaligen Zeit, wird daher die Wahl einer Gattin empfohlen, die daheim »*mit fleisz di federlin list*«. Die Redensart »nicht viel Federlesens machen« bedeutete also zunächst, dass die Hausfrau nicht sehr viel Wert auf Reinlichkeit legte; später entwickelte sich daraus die allgemeinere Bedeutung »keine Umstände machen«.

2.

Die Wendung bezieht sich auf einen alten bayerischen Brauch: Aus der Art, wie und wohin die Federn beim Gänserupfen wehten, ließ sich angeblich das Schicksal herauslesen. Bis ins 19. Jahrhundert hinein gab es in den Dörfern »Federleserinnen«, meist alte Frauen, die das Federnorakel deuteten und sich ihre Kunst gut bezahlen ließen. Es gab natürlich auch Bäuerinnen, die an den ganzen Zinnober nicht glaubten, die Federn nach dem Rupfen einfach zusammenkehrten und ihre Betten damit stopften: Sie machten »nicht viel Federlesens«.

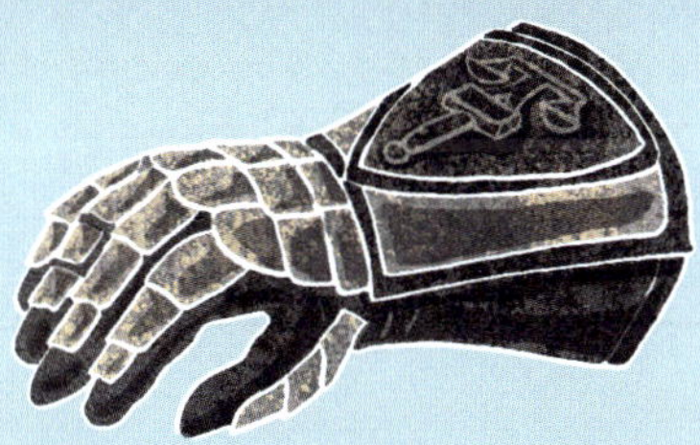

3.

Die Fehde galt bis 1495 als legitimes Rechtsmittel mit vorgegebenen Elementen, etwa dem Fehdehandschuh, der dem Herausgeforderten vor die Füße geschleudert wurde. Zur Behebung der Streitigkeiten mussten die Parteien offiziell »Urfehde« schwören, den Verzicht auf weitere Feindseligkeiten – auf Mittelhochdeutsch hieß das *vehede lazan*. Doch schon damals hielten sich nicht immer alle an den Friedensschwur, und so entstand im übertragenen Sinn die Wendung *niht vehede lazan* mit der Bedeutung: sich nicht um die Regeln kümmern und letztlich den eigenen Willen durchsetzen. Mit der Zeit wurde daraus »nicht Feder lesen« und anschließend die bekannte Redewendung.

4.

Schmeichler gab es schon immer, ebenso wie hochgestellte Persönlichkeiten, denen die Schmeicheleien gefielen. Heute ist drastisch vom »Speichellecken« und »Arschkriechen« die Rede, auch Süßholz wird gern geraspelt. Im Mittelalter hingegen galt es als liebedienerischer Akt, dem Höhergestellten kleine Flaumfedern vorsichtig und beflissen von der Kleidung zu zupfen. Dies wurde als *vederlesen* (spätmhd.) bezeichnet. Im übertragenen Sinn bedeutete »jemandem die Federn lesen« also, dieser Person zu schmeicheln. Daraus wiederum entstand die Verneinung »nicht viel Federlesen(s)« – also keine großen Umstände machen.

Ins Fettnäpfchen treten

Uuups, da bin ich ins Fettnäpfchen getreten, denken wir mit heißem Schreck, wenn wir feststellen, dass wir die zweite Ehefrau des Chefs aus Versehen mit dem Namen der Verflossenen angeredet haben oder, schlimmer noch, mit dem Namen der vermutlich Zukünftigen … Aber was hat ein sozialer Fehltritt eigentlich mit einem Schälchen Fett zu tun?

1.

Tomte Tummetott – jedes Kind kennt das Wichtelmännlein mit der roten Mütze, das im Stall schwedischer Bauernhöfe lebt und Unheil von allen Bewohnern und Tieren abwendet. Jedenfalls solange es gut behandelt wird und an jedem 13. Dezember, dem *tomtedagen*, ein Schälchen geschmolzene Butter für seinen Reisbrei auf die Türschwelle gestellt bekommt. Um dieses »Fettnäpfchen« macht man einen großen Bogen – denn wer »ins Fettnäpfchen tritt« (*trampa i klaveret*) oder es gar umstößt, zieht sich den Zorn des Wichtels zu und bringt Unglück über den gesamten Hof. Die seit dem späten 18. Jahrhundert nachgewiesene deutsche Redewendung ist eine Lehnübersetzung aus dem Schwedischen.

2.

Reinkommen, Stiefel ausziehen, Dreck abbürsten, einfetten – so die Reihenfolge im bäuerlichen Haushalt des 19. Jahrhunderts. Schuhwerk musste länger als eine Saison halten und entsprechend gepflegt werden, und Schuhcreme gab es nicht. Dafür stand immer ein Schälchen mit Stiefelfett an der Tür bereit. Wer aber dieses Schälchen umstieß oder aus Versehen hineintrat, verdreckte das gute Fett und verärgerte die Hausfrau, die die schmierigen Abdrücke auf dem Fußboden entfernen musste. So wurde die Wendung »ins Fettnäpfchen treten« bald sprichwörtlich und erweiterte sich auf tölpelhaftes und taktloses Verhalten allgemein.

3.

Das von Schauspielerinnen und Schauspielern erstrebte Rampenlicht wurde in vorelektrischen Zeiten zunächst mit Fackeln erzeugt, später durch mit Lampenöl gefüllte Schälchen. Der Gefahr, dem Feuer am Bühnenrand zu nahe zu kommen, war man sich zwar ständig bewusst; dennoch kam manchmal der Warnruf aus dem Publikum: »Vorsicht, tritt nicht ins Fettnäpfchen!« Die Wendung wurde schnell vom Volksmund aufgenommen und bezeichnete bald nicht nur einen gefährlichen Fehltritt auf den Brettern, die die Welt bedeuten, sondern auch einen potenziell ähnlich verheerenden im sozialen Umfeld.

4.

Barockmusik, schwingende Reifröcke, ein Menuett in anmutig-würdevoller Haltung – damit all dies zu federleichter Perfektion gedeihen konnte, bedurfte es im Frankreich des 17. Jahrhunderts endloser Übungsstunden. Zur Disziplinierung der Tanzeleven wurden auf dem Boden mit ranzigem Fett gefüllte Schälchen verteilt, in die man bei Fehlern in der Schrittfolge leicht hineintrat. Die Wendung »ins Fettnäpfchen treten« (*marcher dans la coupelle de graisse*) bezog sich also zunächst gar nicht – wie später – auf Taktlosigkeit, sondern auf unzureichende Schrittsicherheit beim Tanzen. Vom Hof des frankophilen Friedrichs des Großen gelangte sie in den gesamten deutschsprachigen Raum.

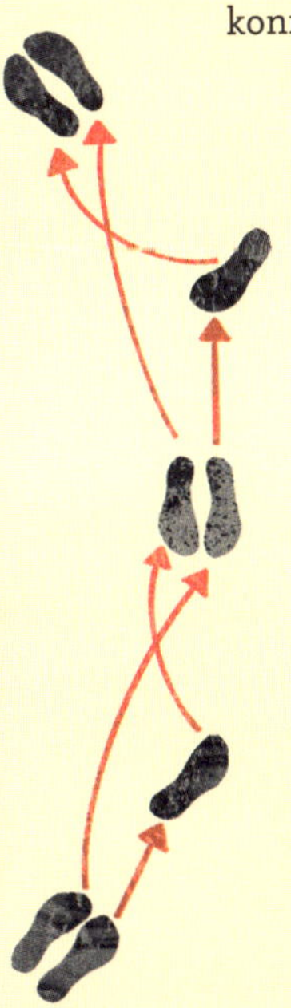

Jemandem sind die Hände gebunden

»Tja, da sind mir die Hände gebunden« – diese Äußerung geht oft einher mit einem hilflos-resignierten Achselzucken des Gegenübers und eigenem Verdruss, denn sie bedeutet ja, dass der Gesprächspartner leider gar nichts für einen tun kann, da er etwa an Gesetze oder Regelungen »gebunden« ist. Aber von welcher Situation leitet sich die Redewendung ursprünglich ab?

1.

Die Hochzeitstorte anschneiden, die Braut entführen, den Strauß werfen – die Literatur über die Hochzeitsbräuche der verschiedenen Zeitalter und Kulturen würde viele Regalreihen füllen. Im Mittelalter war es üblich, die Brautleute, deren Hände mit dem geweihten »Hochzeitsband« zusammengebunden wurden, durch eine Gasse attraktiver Unverheirateter zu führen, nach denen sie aufgrund des Bandes nicht greifen konnten. Die »gebundenen Hände« symbolisierten die feste Bindung der Eheleute, die stärker als eventuelle Versuchungen sein sollte (vgl. auch den Ausdruck »in festen Händen sein«). Im übertragenen Sinn ist die Wendung seit dem 14. Jahrhundert nachgewiesen.

2.

Das Richteramt wird gemeinhin mit Überparteilichkeit und Objektivität assoziiert. Bis zum 17. Jahrhundert verdeutlichte man dies bei der Amtseinführung auch symbolisch. Der zukünftige Richter nahm das Gesetzbuch in die Hände, dann wurde ein Band aus dem Material seiner Robe um Hände und Buch gewickelt, und er sprach feierlich die Formel: »*Manus meae legis alligatae sunt*« (»Meine Hände sind an das Gesetz gebunden«), um zu bekräftigen, dass er künftig nur noch dem Recht und nicht etwa persönlichen Sympathien verpflichtet sei. Die verkürzte Formel ist in allgemeinerem Sinn seit dem frühen 18. Jahrhundert nachgewiesen.

3.

Die Wendung leitet sich aus dem mittelalterlichen Lehnswesen ab; die Rechte und Pflichten des Herrschers wie auch des Untertanen waren hier klar festgelegt. Der Vasall, ein freier Mann, begab sich als Lehnsmann freiwillig unter die Herrschaft eines Lehnsherrn und erhielt vom diesem dann beispielsweise Land, finanzielle Zuwendungen und Unterstützung vor Gericht. Im Gegenzug war er zu absoluter Loyalität zu seinem Schutzherrn (Vasallentreue) und zu Diensten aller Art, besonders zu Kriegsdienst verpflichtet. Bei der rituellen Besiegelung des Lehnsverhältnisses (»Kommendation«) wurden die Hände des Vasallen zusammengebunden – als Ausdruck seiner festen Bindung an den Lehnsherrn und seiner Unterwerfung unter dessen Macht.

4.

Die im 19. Jahrhundert entstandene Redewendung beruht auf einer drakonischen Maßnahme des berüchtigten Pädagogen und Orthopäden Moritz Schreber (1808–1861): Er empfahl, die Hände weiblicher Kleinkinder mit Mullbinden zu umwickeln, um sie am Daumenlutschen zu hindern. Dadurch sollte einer Verformung des Kiefers und einer Fehlstellung der Zähne vorgebeugt werden, damit die zukünftigen Heiratschancen der Mädchen möglichst wenig beeinträchtigt wurden. Ein Gefühl der Unfreiheit blieb oft bis ins Erwachsenenalter hinein bestehen und führte letztlich zu der Redewendung.

Ausgaben Mai
Lebensmittel
Miete
Kosmetik
Luxus
Kinder
Urlaub
Handy
Auto
Büro
Ausgaben Juni
Lebensmittel
Miete
Kosmetik
Luxus
Kinder
Urlaub
Handy
Auto
Büro

Das Heft in der Hand haben

Das Heft in der Hand haben – das bedeutet, die Macht, die Oberhoheit, die ultimative Entscheidungsgewalt innezuhaben. In konservativen Kreisen wird die Wendung gern mal in der Form »Bei denen hat aber die Frau das Heft in der Hand« geäußert, um anzudeuten, dass die »natürliche« Ordnung der Dinge offenbar etwas ins Ungleichgewicht geraten ist. Aber was ist das eigentlich für ein ominöses Heft, das so viel Autorität verleiht?

1.

Mit dem redensartlichen Heft ist nicht etwa die Kladde gemeint, in der man als weitgehend friedlich gesinnter Normalbürger Eintragungen vornimmt oder in die man seine Schulaufgaben schreibt. Tatsächlich stammt es aus der Zeit der Schwertkämpfe, kommt vom althochdeutschen *hefti* (was eigentlich das »Fassende, Packende« bedeutet) und ist die korrekte Bezeichnung für den Griff einer Stichwaffe. Und wenn man den in der Hand hat – und damit das gesamte Schwert –, dann hat man in einer Kampfsituation erst mal die Oberhand. Es sei denn, der Gegner hat das Heft schneller in die Hand genommen ...

2.

»Do het de Buur dat Hewwt in de Hand« – in einigen ländlichen Gebieten Norddeutschlands versteht man diese Aussage noch heute dahingehend, dass der Bauer (und generell jeder mit viel Grund und Boden) nicht etwa ein Heft in der Hand hält, sondern all das, was er hat (»wat he hewwt«); es handelt sich also um Besitz, Eigentum. Und wer diesen in der Hand hat, hat natürlich auch das Sagen – das war früher nicht anders als heute. Die Bezeichnung »Hewwt« ist seit dem 15. Jahrhundert vor allem durch Grund- und Kirchenbücher belegt; die Redewendung in ihrer heutigen Form ging erst in der zweiten Hälfte des 19. Jahrhunderts, volksetymologisch angeglichen, in den hochdeutschen Sprachgebrauch über.

3.

Die Wendung ist seit Anfang des 20. Jahrhunderts nachgewiesen. Sie geht zurück auf das Haushaltsbuch, anhand dessen die Hausfrau – teils bis in die Sechzigerjahre hinein – dem Haushaltsvorstand, sprich: dem Ehemann, Rechenschaft über den Verbleib des Haushaltsgeldes ablegte. Natürlich sollte der Gatte nicht erzürnt werden, und so konnte es wohl vorkommen, dass sie statt »Neuer Hut: 30 Mark« einen Monat lang täglich Petersilie und Suppengrün im Wert von einer Mark eintrug, wie Jo Hanns Rösler es in einer seiner Geschichten beschrieben hat. Auch wenn solche Flunkereien manchmal aufflogen – meist hatte die Ehefrau, wie die Herren der Schöpfung gern seufzend bemerkten, »das Heft in der Hand« und damit letztlich doch die Oberhoheit über die Familienausgaben.

4.

Das Ruder in Segelschiffen (heutiger Sprachgebrauch: Pinne) wurde bis zum 16. Jahrhundert als »Heft« bezeichnet. Wer an der Pinne, also am Ruder sitzt, bestimmt die Richtung des Bootes, und jede noch so kleine Bewegung kann zu einer Kursänderung führen. Man muss also ruhig und beständig vorgehen, und genau das ist die Grundbedeutung von »Heft« – nach dem mittelhochdeutschen Adjektiv *heftec* für »haftend, beharrlich, beständig«. »Das Heft in die Hand nehmen« verbreitete sich zunächst in den Hafenstädten und dann im gesamten deutschen Sprachraum.

Error message
Error!
Cancel

Auf dem Holzweg sein

»*There are you on the woodway*« – eine der beliebten kalauernden wörtlichen Übersetzungen von deutschen Redensarten ins Englische, wobei natürlich (von der fehlerhaften Satzstellung einmal abgesehen) der figurative Bedeutungsspielraum nicht im Entferntesten abgedeckt wird. Wie aber ist das Bild des Holzweges in Zusammenhang mit einem Denkfehler oder Irrtum geraten?

1.

Das Bild stammt von den berüchtigten Knüppeldämmen, die noch bis ins 19. Jahrhundert über sumpfigem Gelände errichtet wurden, nicht nur in Europa, sondern auch in Amerika. So heißt es in Harriet Beecher Stowes Roman *Onkel Toms Hütte*: »Dieses [den Knüppeldamm] nennt dann der Eingeborene frohlockend eine Straße und versucht sofort, darauf zu fahren.« Mit sehr eingeschränktem Erfolg: Die Knüppel verschoben sich schnell und gerieten zwischen die Speichen der Räder, sodass das Fahren gar nicht oder nur äußerst eingeschränkt möglich war. Wer also denkt, der Knüppeldamm sei eine Straße, der befindet sich auf dem sprichwörtlichen Holzweg.

2.

Als weite Teile Deutschlands noch mit dichtem Wald bedeckt waren, stellte dieser eine echte Gefahrenzone dar, deren Risiken vom Volk auf mannigfache Weise personifiziert wurden. Holden oder Hulden waren weibliche Waldgeister (von ahd. *holdo* für »Geist«, vgl. »Unhold«), die den Wanderer in die Irre führten. Wer auf einen »Holdaweg« geriet, verlor die Orientierung und konnte froh sein, wenn er mit dem Leben davon- und aus dem Wald herauskam. Allmählich verlor sich der Aberglaube an die Holden, und die Bezeichnung wurde volksetymologisch zu »Holzweg« angeglichen. »Auf dem Holzweg sein« behielt aber die Bedeutung, zumindest gedanklich fehlzugehen.

3.

Die mittelhochdeutsche Wendung lautete zunächst »auf dem *hollerweg* gehn«, wobei »Holler« eine Nebenform von »Holunder« ist (vgl. die Zeile des Kinder-Kreisspiels: »… sitzen unterm Hollerbusch, / rufen alle: Husch, husch, husch!«). Das exzessive Einatmen des starken Dufts der Holunderblüten führte angeblich zu einer temporären Benebelung der geistigen Kräfte. »Bist 'leicht am Hollerweg 'gangen?«, fragt etwa die Protagonistin Eva ihren wild brüllenden Bruder Peter in Alois Theodor Sonnleitners *Die Höhlenkinder im Heimlichen Grund* (1918). Die Veränderung zu der heute gebräuchlichen Form vollzog sich im frühen 20. Jahrhundert.

4.

Von Spaziergängen kennt man sie: Waldwege, die ins Nichts führen und einfach irgendwann aufhören, sodass man sich entweder pfadfindermäßig ins Unterholz oder auf den Rückweg begeben muss. Den wenigsten Wanderern wird dabei bewusst sein, dass sie auf dem Holzweg sind: In der Forstwirtschaft werden Schneisen in den Wald geschlagen, allein zu dem Zweck, gefälltes Holz mit Forstmaschinen abzutransportieren. So kommt es, dass der Holzweg nirgendwohin führt – ganz so wie der Gedankengang, mit dem man sich auf dem Holzweg befindet.

Jemandem Hörner aufsetzen

»Meine Liebste liebt einen anderen.« Das ist auch in einer Zeit von offenen Beziehungen, polyamourösen Konstellationen und dem vielbeschworenen »Es hat nichts mit dir zu tun« eine potenzielle Quelle von Eifersucht und Herzeleid. Die männliche Angst vor der seit Eva nachweisbaren weiblichen Sündhaftigkeit und der Häme für den betrogenen (Ehe-)Mann jedoch, die in der Redewendung »jemandem Hörner aufsetzen« mitschwingt, erscheint glücklicherweise ebenso antiquiert wie die Redensart selbst.

Aber wie kam sie zustande?

1.

Die Redewendung stammt aus dem Sagenkreis um den kretischen König Minos. Dieser hatte geschworen, dem Meeresgott Poseidon, der ihm geholfen hatte, den Thron zu besteigen, einen Stier zu opfern, das Tier dann aber, weil es besonders schön war, lieber selbst behalten. Aus Rache sorgte der Gott dafür, dass Minos' Gattin Pasiphae sich in einen Stier verliebte und den Minotauros zur Welt brachte, ein menschliches Wesen mit Stierkopf. Minos tötete das Ungeheuer und trug hinfort die Stierhörner als Trophäe. Statt auf seinen Sieg aber wiesen diese Hörner, so lange er lebte, auf den Ehebruch seiner Frau hin.

2.

Was den Deutschen die Weihnachtsgans, das ist den Franzosen der Kapaun, der kastrierte Hahn, dessen Fleisch besonders fett und zart ist. Wohl niemand, der diese, unter Tierschutzgesichtspunkten eher fragwürdige, Delikatesse genießt, würde dabei an den Ausdruck »jemandem Hörner aufsetzen« denken. Und doch liegt hier der Ursprung der Redensart: Damit man den kastrierten Hahn im Hühnerhof wiedererkennen konnte, schnitt man ihm früher die Sporen ab und pflanzte diese in seinen Kamm, wo sie weiterwuchsen und sich zu Hörnern entwickelten. Der betrogene Ehemann wird also mit einem seiner Männlichkeit beraubten Hahn verglichen (vgl. auch »Hahnrei«).

3.

Geheimhalten lässt sich nichts im dörflichen Raum. Bis ins 20. Jahrhundert hinein wurde einem betrogenen Ehemann in den Dörfern des Schwarzwalds ein Hirschgeweih an die Haustür genagelt. (Hirsche werfen ihr Geweih nach der Brunft ab, wenn der Testosteronspiegel sinkt und sie für den Rest des Jahres gewissermaßen auf ihre Männlichkeit verzichten können.) Die Hörner an der Tür drückten also einen höhnischen Zweifel an der Männlichkeit des Ehemannes aus, waren aber gleichzeitig eine Mahnung, die Ehefrau gefälligst zu disziplinieren, damit die »gottgewollte Ordnung« wiederhergestellt würde.

4.

Die Redewendung stammt aus einem Fastnachtsspiel von Hans Sachs (1494–1576), dem deutschen Meistersinger und Dichter, der neben hochmoralischen Bühnenwerken auch Schwänke von grotesker Komik schrieb, in denen mit Lust und Freude die gesellschaftlichen Regeln über den Haufen geworfen wurden. In seiner Posse *Das heiße Eisen* verzichtet der Protagonist, ein Kaufmann aus Nürtlingen, darauf, seine untreue Frau zu verstoßen. Er lässt sich von ihr die traditionell für den betrogenen Ehemann vorgesehene Narrenkappe mit den Hörnern aufsetzen und äußert am Schluss, er sei lieber zu zwanzig Prozent an einer guten Sache beteiligt als zu hundert Prozent an einer schlechten.

Unter aller Kanone

»Das ist ja wohl unter aller Kanone!« Dieser empörte Ausruf ist zu hören, wenn etwas unfassbar schlecht, geradezu unterirdisch ist. Aber wie ist dieser Ausdruck wohl zustande gekommen? Besteht tatsächlich ein Zusammenhang mit dem militärischen Geschütz?

1.

Mit einer militärischen Feuerwaffe hat die Wendung nichts zu tun, stattdessen aber mit dem Notensystem der Jesuitenschulen. Sie klingt auch in dem noch heute gebräuchlichen Ausdruck »Notenkanon« an, der in unserem Erfahrungsbereich ja von Eins bis Sechs reicht. In den Klosterschulen umfasste er fünf Stufen: *optime* (»sehr gut«), *bene* (»gut«), *sic satis* (»genügend«), *male* (»schlecht«), *pessime* (»sehr schlecht«). Was schlechter als sehr schlecht war, das war auf jener Skala nicht mehr zu fassen: Es war *sub omni canone*. Als augenzwinkernde Schülerübersetzung »unter aller Kanone« ist der Ausdruck seit dem 19. Jahrhundert nachgewiesen.

2.

»Ja, Sie, der Gefängniskoch, dat is eine Kanone!« – so Jürgen von Manger in seinem Sketch »Die Delinquentenzelle«, in der er als Justizvollzugsbeamter dem Verurteilten das kulinarische Potenzial der Henkersmahlzeit anpreist. Die Metapher »Kanone« für jemanden, der auf einem bestimmten Gebiet einfach unerreicht ist, stammt aus dem Sportjournalismus der 1930er-Jahre – eigentlich naheliegend in Anbetracht der durchschlagenden Kraft dieses Geschützes. Zur gleichen Zeit bildete sich auch der Ausdruck für das Gegenteil: »Unter aller Kanone« ist eben leider nicht nur nicht so richtig gut, sondern schlicht miserabel.

3.

Im Schlachtengetümmel war der sicherste Platz jener unter der Kanone. Diese wurde aufgrund ihrer Reichweite jenseits der eigentlichen Frontlinie positioniert, da die Kugeln sonst hinter dem Feind eingeschlagen wären. Traumatisierte Soldaten wurden immer wieder dabei ertappt, wie sie sich in Panik unter der Kanone eingruben. Natürlich war das eine Schande: Ein Soldat, der »unter der Kanone« aufgefunden wurde, war ein Feigling und konnte dafür hingerichtet werden. Nach dem Ersten Weltkrieg löste sich der Ausdruck bald von der militärischen Bedeutung und wurde mit der Verstärkung »aller« Bestandteil des allgemeinen Sprachgebrauchs.

4.

Es handelt sich um eine verballhornte Lehnübersetzung des kirchenlateinischen Ausdrucks *sub tota canonicatio* – cinc Wendung, die die Hoffnung auf eine Heiligsprechung (»Kanonisation«) zunichtemacht. Heilig werden kann nur, wer bestimmte Kriterien erfüllt: Der Märtyrertod oder wenigstens ein Wunder muss nachgewiesen sein. Die zweite Riege der Kandidaten kann sich – posthum – zumindest über die Seligsprechung freuen. Die Vorgeschlagenen aber, die auch nach sorgfältigster Prüfung weder als Märtyrer noch als Wundertäter gelten können, werden vom Vatikan als Normalsterbliche und »nicht kanonisationswürdig« eingestuft.

Etwas auf dem Kerbholz haben

Wer »etwas auf dem Kerbholz« hat, dem sind diverse Missetaten nachzuweisen. Aber was haben Verfehlungen mit Holz zu tun? Und was ist überhaupt ein Kerbholz?

1.

Das »Kerbholz« der Wendung hat keinen hölzernen Ursprung, sondern ist auf den lautmalerischen Ausruf »Kerbolz!« (etwa: »Kawumm!«) zurückzuführen, der sprachgeschichtlich wiederum mit »Kobold« (früher auf der zweiten Silbe betont) und »Kobolz« (»Purzelbaum«) verwandt ist. Einem breiteren Publikum bekannt wurde der Ausruf durch die *Max-und-Moritz*-Geschichte von Wilhelm Busch (1865), in der Lehrer Lämpels Pfeife von den bösen Buben mit Schießpulver gefüllt wird: »Bauz, kerbolz, da geht sie los / mit Getöse, schrecklich groß!« Die veränderte Wortform »Kerbholz« ist seit dem späten 19. Jahrhundert nachgewiesen und ist vermutlich durch Volksetymologie entstanden.

2.

Einzelheiten geschäftlicher Transaktionen festzuhalten, war schwierig zu einer Zeit, in der die meisten Menschen nicht schreiben konnten. Die Reichen und Mächtigen hatten es natürlich nicht nötig, selbst zu schreiben, und leisteten sich Schreiber. Viele andere jedoch griffen zwischen dem 15. und dem 18. Jahrhundert zum Kerbholz, einem längs gespaltenen Holzstab, in den zwei Parteien, die miteinander Handel trieben, hineinritzten, wie viele Waren sie geliefert oder bekommen hatten und was sie an Geld schuldeten. Zur Abrechnung und Kontrolle konnten die beiden Hälften des Kerbholzes aneinandergehalten und verglichen werden.

3.

Bei dem Kerbholz der Redensart handelt es sich um eine volksetymologische Angleichung des lateinischen Substantivs *crepitaculum* (»Klapper«, von *crepitare*, »laut rasseln, klappern«). Leprakranke mussten im Mittelalter eine Klapper aus Holz mit sich führen, deren Töne mittels eingeschnittener Kerben erzeugt wurden. Mit diesem »Kerbholz« mussten die Kranken lärmen, damit Entgegenkommende einen Sicherheitsabstand halten konnten. Deren Angst galt allerdings weniger der bakteriellen als vielmehr der moralischen »Ansteckung«, denn eine Lepraerkrankung wurde als göttliche Strafe für schwerwiegende Sünden angesehen – letztere hatte man gewissermaßen »auf dem Kerbholz«.

4.

Die Wendung existiert bereits seit dem frühen Mittelalter und bezieht sich auf die geheimen, für Uneingeweihte meist kaum sichtbaren Zeichen (»Zinken«), die Bettler, Kleinkriminelle und Angehörige des »fahrenden Volkes« in die Türpfosten der Häuser ritzten, um sich gegenseitig darüber zu informieren, wo etwa Betteln gar keinen Zweck hatte oder ein Einbruch sich lohnte. Wer Hauseingänge auf diese Weise markierte, wer womöglich sogar im Laufe einer langen kriminellen Karriere schon Hunderte dieser Zeichen hinterlassen hatte, der hatte »einiges auf dem Kerbholz« und war mit Vorsicht zu genießen.

Ein Klotz am Bein sein

Für jemand anderen »ein Klotz am Bein« zu sein, ihn oder sie an der freien Bewegungsausübung zu hindern, das ist keine sehr angenehme Vorstellung. Aber was war das wohl für ein Klotz, den irgendwann einmal jemand im wörtlichen Sinn mit sich herumgeschleppt haben muss?

1.

Die gefürchtete Kinderlähmung war vor der Einführung der Schutzimpfung eine der Geißeln der Menschheit. Zahlreiche Kranke endeten in der »eisernen Lunge« oder als Opfer von nutzlosen Heilungsversuchen, etwa in Form eines schweren Holzklotzes, der in der Hoffnung, die Muskulatur dadurch zu kräftigen, an die teilgelähmten Beine gebunden wurde, sodass die ohnehin schon begrenzte Bewegungsfähigkeit des armen Kindes noch zusätzlich eingeschränkt wurde (vgl. hierzu den Roman *Ungeduld des Herzens* von Stefan Zweig aus dem Jahr 1939). Im übertragenen Sinn ist der Ausdruck seit Ende des 19. Jahrhunderts nachgewiesen.

2.

Die Wendung geht auf eine Modeerscheinung im prächtigen Venedig des 16. Jahrhunderts zurück. Zum Schutz vor Hochwasser trugen die Damen Schuhe mit dicken Sohlen aus Holz, die aufgrund ihres klappernden Geräuschs *chioccinelli* genannt wurden (nach dem lautmalerischen Verb *chioccinare*). Deutsche Besucher, die von den berühmten Kirchen und Kunstschätzen in die Stadt gelockt wurden, wussten die Eleganz des italienischen Schuhwerks jedoch nicht angemessen zu würdigen und bezeichneten sie als »Klotz am Bein«, was in der Bedeutung »jemandem ein ärgerliches Hindernis sein« allmählich fester Bestandteil des deutschen Sprachschatzes wurde.

3.

Die Redewendung bezieht sich auf die frühere Praxis, dem Vieh auf einer nicht eingezäunten Weide Holzklötze an die gefesselten Vorderbeine zu binden. Auch Gefangene wurden durch ein Gewicht aus Holz oder Eisen am Weglaufen gehindert. Dass diese Maßnahme, samt dem dazugehörigen Ausdruck, im ganzen europäischen Raum verbreitet war, zeigt beispielsweise ein Zitat aus einem Text von Alphonse Daudet (1840–1897), in dem der Protagonist über »*l'horrible boulet de cette union maudite*« (etwa: »den schrecklichen Klotz dieser verdammten Verbindung«) beredt Klage führt, oder auch die niederländische Wendung *een blok aan het been*.

4.

Das Wort »Kloben«, das als Grundwort für »Klotz« der Wendung zugrunde liegt, kennen viele als kuchenartigen Weißbrotlaib mit Mandeln und Rosinen. Weniger bekannt ist, dass der »Kloben« ab dem 10. Jahrhundert eine Bezeichnung für eine Vorrichtung der Vogeljagd, eine sogenannte Klemmfalle, war: Man spaltete einen Holzstab und versah die beiden auseinanderklaffenden Hälften mit Zugschnüren. Wenn ein Vogel sich auf die Falle setzte, zog der (in einer »Vogelhütte« versteckte) Jäger an den Schnüren, die Holzteile klappten zu und die Füße des Vogels waren im Kloben gefangen. Er hatte im wahrsten Sinn des Wortes »einen Klotz am Bein«. In seiner figurativen Bedeutung ist der Ausdruck seit dem 12. Jahrhundert belegt.

Einen Korb bekommen

Die meisten von uns haben im Leben schon mal einen Korb bekommen – der geflochtene Behälter steht für eine Zurückweisung, einen Misserfolg, ein Scheitern. Doch was hat es mit diesem ominösen Korb eigentlich auf sich? Und wie ist die Verknüpfung des Gegenstands mit einer Abfuhr entstanden?

1.

Der Ursprung der Redewendung liegt im griechischen Altertum. Der Legende zufolge griff sich der griechische Fabeldichter Äsop (6. Jh. v. Chr.), als er als Sklave seinen Herrn auf einer weiten Reise begleiten musste, als Erstes den Korb mit dem Brot – die schwerste Last überhaupt – und wurde dafür von den anderen verspottet. Doch da das Brot schnell verteilt wurde, war der Korb bald leer – und Äsop musste für den Rest der Reise nur noch ein leeres Behältnis tragen. »Einen Korb bekommen« bezog sich demnach ursprünglich auf etwas Negatives, das sich im Nachhinein als positiv herausstellte. Im Laufe der Sprachgeschichte blieb nur die negative Konnotation übrig.

2.

Die Redensart ist kaum hundert Jahre alt und entstand im tanzfreudigen Berlin der Zwanzigerjahre. Auf privaten Festen war der »Körbchentanz« beliebt, den unsere Urgroßeltern vielleicht noch getanzt haben: Zwei Herren verbeugten sich vor einer Dame, die mit einem zierlichen Körbchen auf dem Schoß dasaß. Sie gab dem einen Herrn das Körbchen und walzte mit dem Kavalier ihrer Wahl davon. Derjenige, der nun den Korb hatte, durfte seinerseits zwischen zwei Damen wählen, von denen die weniger erwünschte den Korb bekam.

3.

Die Sänger- und Dichterwettbewerbe des 15. und 16. Jahrhunderts waren berühmt – Richard Wagner hat ihnen mit seiner Oper *Die Meistersinger von Nürnberg* ein Denkmal gesetzt. In der Realität erhielt der Sieger jedoch nicht die Hand einer schönen Frau: Versehen mit dem Meistertitel, wurde er in die Zunft der Meistersinger aufgenommen. Die Verlierer bekamen – einen Korb. Trotz seiner Füllung, bestehend aus exquisiten Lebkuchen, war dieser ein Zeichen des Scheiterns im Wettbewerb. Im Laufe des 16. Jahrhunderts nahm die Wendung »einen Korb bekommen« allmählich die heutige Bedeutung an. Und die »Feinen Nürnberger Meistersinger Oblaten-Lebkuchen« kann man nach wie vor käuflich erwerben.

4.

Minnesang, geklaute Schlüssel zu Keuschheitsgürteln, einsame Kreuzfahrergattinnen – das Leben auf mittelalterlichen Burgen konnte turbulent-erotische Aspekte haben. Wie jedoch sollte der Galan bei geschlossenem Burgtor in die Kemenate seiner Angebeteten gelangen? Die Liebe war schon immer erfinderisch, und so ließen die Damen ihre Liebhaber in Körben zu sich emporziehen. Einem unerwünschten Verehrer hingegen wurde einfach ein kaputter Korb nach unten gesandt. Wer auf diese Art »einen Korb bekam«, wusste Bescheid und musste seine Liebessehnsucht auf eine andere Dame übertragen.

Das geht auf keine Kuhhaut

»Das geht auf keine Kuhhaut!«, sagen wir, wenn etwas mengenmäßig kaum zu überbieten und gleichzeitig empörend ist. Aber warum geht es überhaupt um eine Kuhhaut? Und wieso bezeichnet dieser Ausdruck eine enorm große Menge?

1.

Sterben an sich ist ja schon schlimm genug. Im Mittelalter aber glaubte man, dass der Teufel persönlich am Bett säße und dem Sterbenden dessen Sünden vorhielte, alle sorgsam auf einem aus Kuhhaut hergestellten Pergament verzeichnet. Gewöhnlich wurden die Häute von Schafen und Kälbern zu Pergament verarbeitet, doch diese waren schon für die »gängigen« Verfehlungen zu klein, und für die vielen Untaten besonders böser Menschen reichte sogar eine riesige Kuhhaut nicht aus: Ihr enormes Sündenregister »ging auf keine Kuhhaut«. In der übertragenen Bedeutung ist die Wendung erstmalig im 16. Jahrhundert belegt.

2.

Die Wendung entwickelte sich im Dreißigjährigen Krieg, als die Söldnertruppen von den diversen Kriegsherren nicht nur mit Uniformen und Waffen, sondern auch mit Tornistern ausgerüstet wurden, die aufgrund ihres Materials als »Kuhhaut« bezeichnet wurden. Neben Vorräten und persönlichen Habseligkeiten enthielten sie oft auch Wertgegenstände, die der Soldateska bei den offiziell gestatteten, teils sogar erwünschten Plünderungen der eroberten Städte in die Hände fielen. Manchmal wurde so viel zusammengerafft, dass der Tornister zu platzen drohte. Der gängige Ausdruck dafür, »Das geht in keine Kuhhaut!«, veränderte sich später zu der noch heute bekannten Redensart.

3.

Nach dem Ersten Weltkrieg, als alles, auch Brennmaterial, knapp und teuer war, stellte man im Elsass gewöhnlich morgens den Topf mit vorgegartem Essen ins Bett und umwickelte ihn mehrlagig mit dem Federbett, der *couette*. Abends nach der Feldarbeit war das Essen fertig gekocht und noch warm. Ein zu großer Topf ließ sich jedoch nur einlagig mit dem Plumeau bedecken, was zum Weitergaren nicht ausreichte. Die dialektale Äußerung »'s geht nit in da couette« wurde von deutschen Grenzgängern volksetymologisch umgedeutet zu: »Das geht nicht in die Kuhhaut.« Leicht abgewandelt verbreitete sie sich als Redewendung ab den 1920er-Jahren im deutschen Sprachraum.

4.

Im 13. Jahrhundert wurden theologisch-philosophische Themen von Scholastikern wie Albertus Magnus streng wissenschaftlich mittels einer Disputation erörtert. Eine der belegten Fragen lautete, wie viele Engel wohl auf eine Tholia, den zeittypischen Kuppelhut, passen. Laienbrüder protokollierten ehrfürchtig das gelehrte Streitgespräch; in einer Abschrift wurde der »Kuppelhut« jedoch zur »Kuhhaut« (mhd. *kuhhut*) umgedeutet – wohl aus Platzgründen. Das gesamte Engelsgeschwader allerdings, das war klar, »*das gaht uf kine kuhhut*«! In der heutigen Bedeutung ist die Wendung erstmals in einem Text aus dem 14. Jahrhundert belegt.

Jemandem auf den Leim gehen

Nepper, Schlepper, Bauernfänger lautet der Untertitel der Fernsehsendung *Vorsicht, Falle!*, die den Zuschauern vor Augen führt, wie leicht man Betrügern auf den Leim gehen kann. Doch wer ging wem zuerst auf den Leim, und um was für einen Leim handelte es sich dabei?

1.

Früher war alles besser? Wohl nicht … Das Mittelalter zum Beispiel war sogar für Vögel eher finster. Nicht als gefiederte Freunde, sondern als Häppchen mochte man sie – etwa als »kleine Vögel in Schmalz gebraten mit Rettich«, wie es auf der Speisekarte eines Festbanketts aus dem Jahr 1303 heißt. Gefangen wurden die Vögel mit Ruten, die, mit Vogelleim bestrichen, locker in Halterungen oder Baumstämme gesteckt wurden. Setzte sich ein Vogel darauf, löste sich die Leimrute; durch das aufgeschreckte Flattern verklebte sich das Gefieder, was dem Tier zum Verhängnis wurde. Die Redewendung ist in ihrer übertragenen Form seit dem 16. Jahrhundert nachgewiesen.

2.

Die wenigsten Bewohner des Münchner Stadtviertels Laim wissen um die jahrhundertealte Geschichte ihres Bezirks. Der Name geht auf die lokalen Lehmvorkommen zurück (*leim* bedeutete »Lehm«), die teils in dortigen Ziegelbrennereien, teils als Baumaterial für das traditionelle Fachwerk verarbeitet wurden. Als die Ressourcen schwanden, wurde die Tonerde mit minderwertigen Stoffen gestreckt, und der mangelhafte Laimer Lehm wurde bald sprichwörtlich: Wer einem windigen Bauunternehmer »auf den Laim ging«, dessen Haus fing schnell an zu bröckeln. Die volksetymologische Angleichung an »Leim« erfolgte im Dreißigjährigen Krieg.

3.

Wer sie schon mal gesehen hat, braucht den Anblick eigentlich kein zweites Mal: Fliegenfänger, spiralförmige Papierstreifen, die mit Insekten in unterschiedlichen Phasen des Hinscheidens bedeckt sind. Diese Fallen, nach wie vor käuflich zu erwerben, sind mit einem Leim imprägniert, dessen Duftstoff keine Fliege widerstehen kann; einmal »auf den Leim gegangen«, vermag sie sich nicht mehr von dem Streifen zu lösen und stirbt. Entwickelt wurde das Fliegenfänger-Patent in den 1880er-Jahren, und zu dieser Zeit entstand auch die Redewendung.

4.

Geht ein Holzmöbelstück aus den Fugen, versucht man häufig, es zu kleben. Bis zum Anfang des 20. Jahrhunderts wurde dazu meist Hasenleim verwendet, also Leim aus der Haut und den Knochen von Hasen, Kaninchen und anderen Kleintieren. Wegen der beträchtlichen olfaktorischen Belastung – die Verarbeitung der Kadaver stinkt bestialisch – galt der Beruf des Leimsieders als einsam und daher als besonders langweilig. Wer nichtsahnend einem Leimsieder und dessen aufgestautem Kommunikationsbedürfnis in die Hände fiel, der kam oft stundenlang nicht mehr weg. So bezog sich der Ausdruck »jemandem auf den Leim gehen« zunächst mundartlich auf eine unliebsame Begegnung mit einem Langweiler, bevor die Wendung im Laufe des 18. Jahrhunderts die heutige Bedeutung annahm.

Jemandem die Leviten lesen

Jemandem eine Standpauke halten, den Kopf waschen, eine Abreibung verpassen – es gibt unzählige Redewendungen für das Ausschimpfen einer Person. Wir alle kennen wahrscheinlich nicht nur die Redensart »jemandem die Leviten lesen«, sondern waren vermutlich auch schon selbst »Levitenleser« oder Adressat einer »Levitenlesung«. Aber was sind eigentlich Leviten?

1.

Der Ausdruck stammt aus dem mittelalterlichen Italienisch und lautete ursprünglich *leggere le vite*, wörtlich: »die Leben lesen«. Gemeint waren die vergangenen Leben aller Toten. Denn am Jüngsten Tag – so glaubte man – wird jedes einzelne Leben detailliert vom Erzengel Gabriel vorgelesen, besonders natürlich die sündhaften Aspekte. Nur wer nach dieser Lesung seine Untaten eingesteht und ehrlich bereut, darf ins Paradies. Die verballhornte deutsche Lehnübersetzung ist seit dem 15. Jahrhundert nachgewiesen.

2.

Die Nachkommen des Stammvaters Levi, die Leviten, wurden im Alten Testament zum Tempeldienst auserkoren. Nach ihnen wurden in der katholischen Kirche die Diakone benannt, die dem Priester beim Hochamt (»Levitenamt«) assistierten. Auf die Leviten bezieht sich auch der Beiname des 3. Buchs Mose: »Levitikus«; es behandelt verschiedene Elemente des Gottesdienstes und Verhaltensregeln für Geistliche. In Kapitel 26 werden drakonische Strafen für den Abfall vom wahren Glauben beschrieben; aus ihm wurde bereits im 8. Jahrhundert etwa in Klöstern gern vorgelesen, um lasterhaftes Leben anzuprangern, und es diente oft als Grundlage für Mahn- und Strafpredigten.

3.

Der Ausdruck geht zurück auf den Namen des jüdischen Dichters Elijah Levita (1469–1549), dessen berühmte Ritterdichtungen in jiddischer Sprache – häufig Parodien geschichtlicher Stoffe – stets mit der ironischen Mahnung an die Leser endeten, die Verfehlungen der Protagonisten auf keinen Fall zu wiederholen, auch wenn die Versuchung noch so groß sei. Es wurde zur amüsanten Tradition, sich diese bald unter dem Namen »Leviten« bekannten Schlusspassagen gegenseitig vorzulesen. So entstand der Ausdruck »die Leviten lesen«, der jedoch im Laufe der Sprachgeschichte seinen unterhaltsamen Charakter einbüßte.

4.

Die Redewendung lässt sich bis in die babylonische Mythologie zurückverfolgen: Der Leviathan, eine gewaltige Mischung aus Krokodil, Drache, Wal und Schlange, ging als Symbol für die Kraft des Bösen etwa ins Alte Testament und in die Psalmen ein. Das von den Sünden der Menschen gespeiste Ungeheuer gebar Nachkommen, zunächst in Form von kleinen Dracheneiern, den »Levithen«. Wer sie auflas, mit einem geweihten Nagel durchbohrte und dabei Abbitte für die eigenen Missetaten leistete, bekämpfte die Sünde auf Erden und sicherte sich einen Platz im Paradies. Die Redewendung lautete daher zunächst »sich die Levithen lesen«, was bedeutete, sich die eigenen Verfehlungen bewusst zu machen.

Den Nagel auf den Kopf treffen

»Den Nagel auf den Kopf treffen« bedeutet, eine Problematik, vielleicht sogar schon ihre Lösung pointiert und treffend zu formulieren – diese Redensart stammt doch ursprünglich bestimmt aus dem Schreinerhandwerk und der Welt der Zimmerleute, die sich ja nicht ständig den Daumen plattklopfen wollten, oder?

1.

Bei dem Nagel der Redewendung handelt es sich nicht um einen Metallstift mit rundem oder abgeplattetem Kopf, sondern um eine Gewürznelke. Diese – etwa im Schlaflied »Guten Abend, gut' Nacht« als »Näglein« bezeichnet (»mit Näglein besteckt / schlupf unter die Deck'«) – galten wegen ihrer ätherischen Öle als Heil- und Vorbeugungsmittel für zahlreiche Krankheiten. Dafür musste man sie vorsichtig, ohne den Kopf abzubrechen, in Fensterläden, Türen, Gebetskerzen oder eben die Decke des Kinderbettchens eindrücken. Wer es schon einmal versucht hat, wird es bestätigen: Das winzige Näglein so auf den Kopf zu treffen, dass es dabei nicht kaputtgeht, bedarf einer Geschicklichkeit, die es wert ist, in einer Redensart verewigt zu werden.

2.

Den Nagel auf den Kopf treffen, das kann doch so schwierig nicht sein – dachten sich die Jahrmarktbesucher, die versuchten, mit einem zehn Kilogramm schweren Hammer auf einen »Nagel« einzuschlagen, der in einem wassergefüllten Becken an immer neuen Stellen »aufploppte«, sodass man meist nur die Wasseroberfläche traf und bis auf die Haut nass wurde. Bei dem Jahrmarktsspiel »Hau den Nagel auf den Kopf« handelte es sich um eine beliebte Variante von »Hau den Lukas«, die bis in die 1920er-Jahre eine Kirmes-Attraktion darstellte und dadurch Eingang in den Sprachgebrauch fand.

3.

Wer schon einmal auf eine Schießscheibe geschossen hat – vielleicht auch nur mit Dartpfeilen –, weiß: Man muss in die Mitte zielen, denn je näher man der Mitte kommt, desto höher fällt die Punktzahl aus. Für einen gelungenen Schuss wird etwa der Ausdruck »ins Schwarze treffen« verwendet – er findet sich schon in Goethes *Dichtung und Wahrheit*. Und dieses Schwarze, damit ist nicht etwa das Schwarze unterm Fingernagel gemeint, das man dem anderen nicht gönnt, sondern die Mitte der Zielscheibe, die früher durch einen Nagel markiert wurde. Ob man also nun den Nagel auf den Kopf oder ins Schwarze trifft – Hauptsache, man hat beim Schießen einen Preis gewonnen!

4.

Die Wendung bildete sich im 18. Jahrhundert im Baltikum, wo auf den Gütern der Deutsch-Balten bestimmte Naturphänomene symbolische Bedeutung erhielten und geradezu gefeiert wurden. So suchte man etwa zur Zeit des blühenden Flieders, dessen einzelne Dolde als »Kopf« bezeichnet wurde, die fünfblättrige Blüte, das »Nagelche« – selten wie das vierblättrige Kleeblatt und als ebenso glücksbringend betrachtet. Der Ausdruck »'s Nagelche auf dem Kopf treffen« galt also ursprünglich einem Glücksversprechen; während ihrer späteren Wanderung durch den deutschen Sprachraum veränderte die Redensart jedoch ihre Bedeutung und meint nun eine glückliche Formulierung.

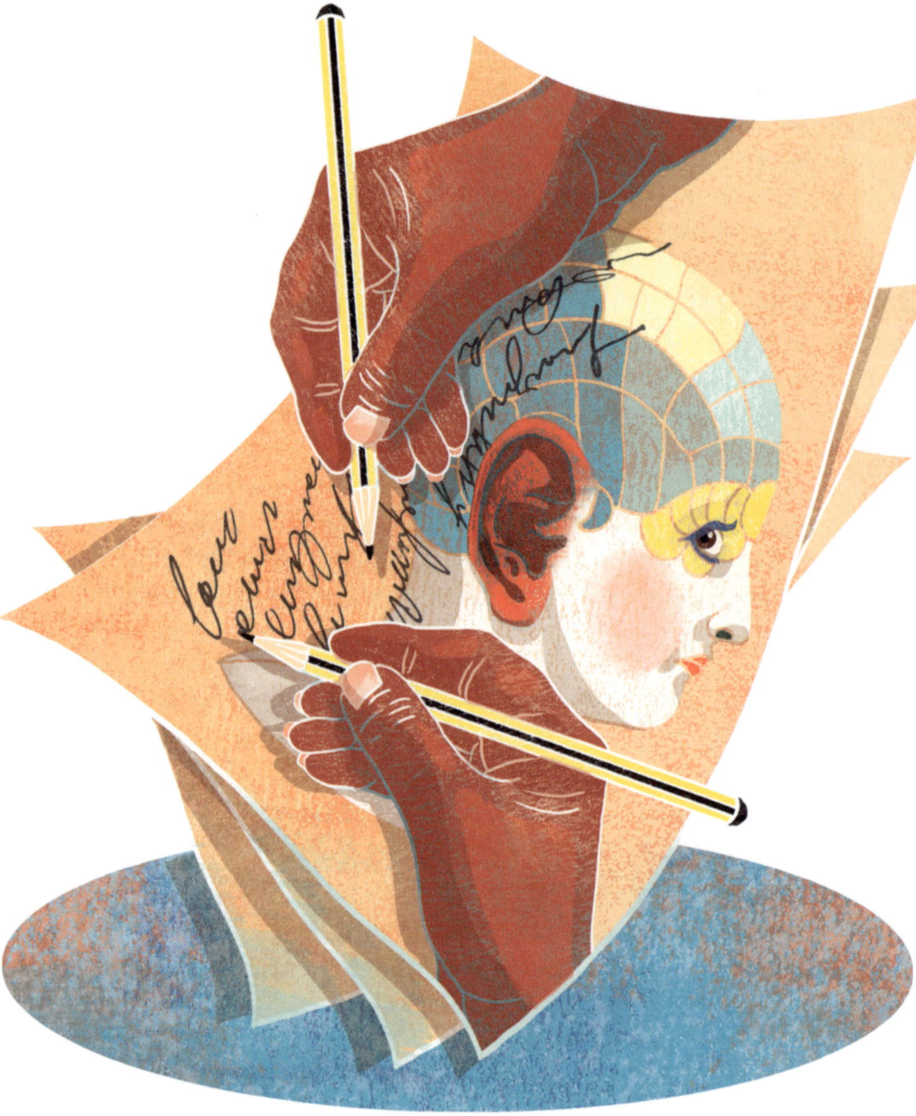

Sich etwas hinter die Ohren schreiben

»Schreib dir das hinter die Ohren!« Man kennt diese autoritäre Aufforderung, sich etwas gefälligst ein für alle Mal zu merken. Im kollektiven Gedächtnis ist die Redewendung also gut verankert. Aber wie soll diese Niederschrift bloß ohne halswirbelsäulengefährdende Verdrehungen bewerkstelligt werden? Und vor allem: Wie soll man sie hinterher jemals lesen können?

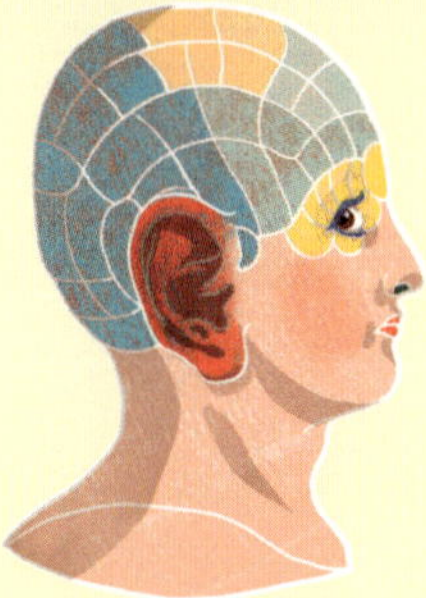

1.

Dem Ohr oder besser gesagt: dem knochigen Wulst hinter dem Ohr schrieb der Volksglaube alle möglichen Eigenschaften zu: Unter anderem waren hier angeblich Intelligenz und Merkfähigkeit angesiedelt – als wäre er ein wichtiger Teil des Gehirns. Je dicker, desto schlauer. (Vgl. den Ausdruck: »Der hat's faustdick hinter den Ohren«, der bedeutet: Jemand ist cleverer, als man vermuten würde.) Wollte man also eine bestimmte Information unbedingt im Gedächtnis behalten, tippte man sich mit dem Mittelfinger mehrmals hinters Ohr – eine bis ins 20. Jahrhundert hinein weit verbreitete Geste, die das Erinnerungsvermögen stärken sollte und zur Redewendung führte.

2.

Als Ludwig XIV. allmählich kahlköpfig wurde, führte er die Allongeperücke ein, die in üppigen Locken bis weit über die Schultern wallte. Bald zierte die Kunsthaarpracht alle adligen Köpfe Europas. Wenig bekannt ist, dass diese Zweitfrisur den Ursprung der Redensart bildete, die zunächst lautete: »sich etwas hinter die Ohren *stecken*«. An den Ohren waren im Perückeninneren kleine Taschen angebracht, in denen Erinnerungsstücke, etwa ein winziger Liebesbrief, das *billet doux*, oder eine Schleife vom Busen der Geliebten – alles halt, was klein und romantisch war –, heimlich mitgeführt werden konnten und so dem Träger unvergessen blieben.

3.

Die grausamen Körperstrafen des Mittelalters lassen uns heute noch schaudern. Man hatte schon Glück, wenn man etwa für einen kleinen Diebstahl nur die Finger oder Ohren abgeschnitten bekam. Pech war allerdings, dass diese Verstümmelungen den Delinquenten für immer als solchen auswiesen und ehrliche Arbeit unmöglich machten. Da konnte es schon als substanzielle Verbesserung gelten, dass man Kleinkriminelle ab Beginn der Neuzeit »nur« noch hinter dem Ohr brandmarkte. Die so »hinters Ohr geschriebene« Straffälligkeit sollte stets in Erinnerung bleiben, ließ sich aber vor anderen verbergen, sodass einer Wiedereingliederung ins berufliche Leben nichts im Wege stand.

4.

Die Redewendung findet sich bereits in Texten des 17. Jahrhunderts, und ihr Ursprung führt noch deutlich weiter zurück, und zwar in eine Zeit, in der ein Großteil der Bevölkerung noch nicht schreiben konnte. Rechtliche Sachverhalte, wie etwa Grenzziehungen, mussten daher mündlich bezeugt werden. Wie aber konnte sichergestellt werden, dass die (jugendlichen) Zeugen die Tragweite des Vorgangs begriffen und sich noch in höherem Alter erinnern würden? Ganz einfach: am Ohr ziehen, ins Ohr kneifen oder kräftig eins hinter die Löffel – so kräftig, dass sie nie mehr vergessen würden, was damals vereinbart worden war.

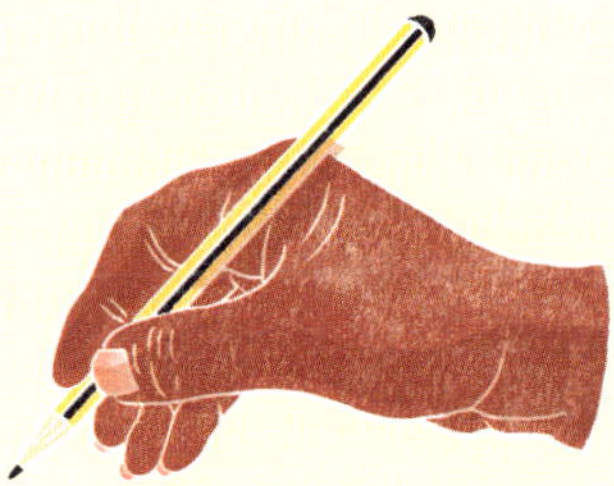

Bis in die Puppen

»Jetzt bleib aber nicht bis in die Puppen weg!« Diese Mahnung besorgter Eltern hat wohl schon bei Generationen von Teenagern zu entnervtem Augenrollen geführt. Vielleicht hätte die Frage »Welche Puppen?« die Aufmerksamkeit der Erziehungsberechtigten in eine andere Richtung gelenkt und sie so davon abgehalten, zu allem Überfluss auch noch eine inakzeptabel frühe Uhrzeit zu nennen. Denn wahrscheinlich hätten sie darauf keine Antwort gewusst.

1.

Der Ausdruck »bis in die Puppen« umschreibt noch heute in Biologenkreisen einen extremen Frost, der sogar manche der normalerweise gegen Winterkälte unempfindlichen Insektenlarven (Puppen) angreift und im folgenden Jahr zu einer Reduktion der entsprechenden Insektenpopulation führt (»Es friert bis in die Puppen«). Die Übertragung auf zeitliche Extremwerte fand Anfang des 20. Jahrhunderts durch Biologiestudenten der renommierten Ruprecht-Karls-Universität in Heidelberg statt, die im Anschluss an nächtliche Laborversuche in den Kneipen der Stadt »bis in die Puppen« ihre Kräfte mit geistigen Getränken regenerierten.

2.

Die ursprünglich bayerische Redensart (nachgewiesen ab ca. 1920) geht auf die Figuren des großen Glockenspiels im Turm des Münchner Neuen Rathauses auf dem Marienplatz zurück. Seit Anfang des 20. Jahrhunderts erscheinen zu den Glöckchen-Klängen um zwölf Uhr mittags die »Puppen«, die historische oder sagenhafte Ereignisse der Stadtgeschichte darstellen. Um Mitternacht kommt die Figur eines Nachtwächters mit Hund und Laterne hervor und beschließt den Tag. Wer diese spät auftretenden »Puppen« noch mitbekommt beziehungsweise mittags »bis in die Puppen« schläft, der macht die Nacht zum Tage – oder umgekehrt.

3.

Die Redewendung stammt aus der römischen Handelsschifffahrt. War ein Boot *usque ad puppim* (von lat. *puppis* für »Heck, hinteres Deck«), also »bis zum hinteren Deck« beladen, wurde seine Ladekapazität bis zum Äußersten ausgereizt. In der übertragenen Bedeutung »bis ins Letzte, bis ins Extreme« ging die Wortverbindung zunächst ins Vulgärlateinische über und wurde später, verknüpft mit dem zeitlichen Aspekt, Bestandteil des deutschen Sprachgebrauchs, wobei *puppim* volksetymologisch zu »Puppen« umgedeutet wurde.

4.

Flanieren bis in die Puppen – das haben wir alle in Corona-Zeiten zur Genüge praktiziert. Aber auch im 18. Jahrhundert war dies schon eine beliebte Freizeitbeschäftigung, und zwar im wörtlichen Sinne: Der Platz »Großer Stern« im Berliner Tiergarten war damals von Statuen umgeben, Gestalten der antiken Mythologie, die im Volksmund als »Puppen« bezeichnet wurden. Vom Zentrum Berlins bis zu diesen »Puppen« zu gehen, war ein ziemlich weiter Spaziergang. Im Laufe der Sprachentwicklung verschob sich dann die Bedeutung der Wendung, und aus der räumlichen Entfernung wurde eine zeitliche Ausdehnung.

Außer Rand und Band geraten

Bei der Wendung handelt es sich um eine sogenannte Zwillingsformel: Zwei Bestandteile verstärken sich gleichsam gegenseitig und sind oft auch noch durch einen End- oder Stabreim verbunden – wie etwa »Sack und Pack« oder »Haus und Hof«. Außer Rand und Band geratene Personen sind entweder fröhlich-übermütig und ausgelassen oder haben keine Kontrolle mehr über sich selbst. Aber von was für einem Rand und Band ist hier eigentlich die Rede?

1.

Im 17. Jahrhundert wurden die Felder im bäuerlichen Raum Südwestdeutschlands aufgrund des Realerbteilungsrechts, das die Aufteilung des Besitzes auf alle männlichen Nachkommen vorsah, allmählich so klein, dass oft nur schmale Streifen übrig blieben. »Außer Rand und Band« meinte damals Kornhalme, die sich, wenn nicht sorgfältig gearbeitet worden war, aus dem Band der Garbe lösten, über den Rand des Feldes aufs Nachbarfeld geweht wurden und so für die eigene Ernte verloren waren – ein Sachverhalt, der bei der herrschenden Armut nicht nur erwähnenswert war, sondern sogar in den allgemeinen Sprachgebrauch einging.

2.

Die Redewendung, belegt seit Mitte des 19. Jahrhunderts, stammt aus dem Bereich der Böttcherei, der Herstellung von Fässern. Ein solches Behältnis besteht, wie Freunde geistiger Getränke wissen, aus schmalen, gebogenen Holzbrettern, den »Dauben«, den mit den Brettern verfugten oberen und unteren Böden sowie den meist eisernen Fassreifen, die das Ganze zusammenhalten. Wehe aber, wenn diese Reifen sich verschieben. Dann halten die Böden nicht mehr auf den Dauben, das ganze Fass gerät »außer Rand und Band« und bricht zusammen. Ausgelassen vor Freude reagiert dann höchstens derjenige, der schnell ein Trinkgefäß zur Hand hat, um den austretenden Alkohol aufzufangen ...

3.

Der Ausdruck stammt aus der Schneidersprache des 19. Jahrhunderts, der Zeit der Reifröcke und absurd engen Taillen, die etwa von Kaiserin Elisabeth von Österreich oder Scarlett O'Hara in *Vom Winde verweht* mit eindrucksvollen 47 Zentimetern repräsentiert wurden. Die Redensart bezog sich ursprünglich auf den Korsettrand und das Band, mit dem das Korsett geschnürt wurde: Geriet eine Dame »außer Rand und Band«, sprengte sie durch eine allzu üppige Taille das Korsett und entsprach nicht dem Schönheitsideal der Zeit. Außer Rand und Band vor Freude geriet sie dann wohl eher nicht.

4.

Unser heutiges Tennisspiel entwickelte sich um 1875 in Großbritannien als beliebter Zeitvertreib der oberen Zehntausend. Bald frönte auch die deutsche Aristokratie dem weißen Sport, die Damen *comme il faut* in fußlangen Kleidern und Knopfstiefelchen. Die Partien fanden selbstverständlich nicht auf öffentlichen Plätzen statt (die gab es noch nicht), sondern auf Spielfeldern im eigenen Park, deren Rand durch ein Band markiert war. Ein Ball, der über das Spielfeld hinausging, war »außer Rand und Band« und führte zu Punktverlust. Im Laufe der Sprachentwicklung beschrieb die Wendung allmählich nicht mehr den Ball, sondern den überschäumenden Gemütszustand der Person, die ihn geschlagen hatte.

In Sack und Asche gehen

Au weia – wer Mist gebaut hat, muss in Sack und Asche gehen, also bereuen und Abbitte leisten. Eine wörtliche Umsetzung dieser Redensart würde vermutlich bereits an dem Mangel sowohl an Asche als auch an Säcken in den meisten Haushalten scheitern. Denn Müllsäcke sind ja wohl nicht gemeint. Aber was war gemeint? Und wann? Und warum?

1.

Die Wendung stammt aus dem 4. Kapitel des Buchs Ester im Alten Testament. Als Königin Esters Pflegevater Mordechai vom Plan des Großwesirs Haman, die Juden im Perserreich auszurotten, erfuhr, »zerriss er seine Kleider und legte den Sack an und tat Asche aufs Haupt [...] und schrie laut klagend und kam bis vor das Tor des Königs«. Mit dem »Sack« der Bibelstelle ist der auf Hebräisch als *śaq* bezeichnete Lendenschurz aus grobem Ziegenhaar gemeint, der rituell zu Traueranlässen als einziges Kleidungsstück angelegt wurde. Und auch das Bestreuen der Haare mit Asche galt als Zeichen der Trauer.

2.

Die Redensart nimmt Bezug auf eine Tradition des Kölner Aschermittwochs, an dem laut Karnevalsschlager ja »alles vorbei« ist und für die (gerade auch an den närrischen Tagen begangenen) Sünden gebüßt wird. Für den lebensfrohen Kölner kein Problem: statt des bunten Karnevalsflitters schnell das Büßerhemd aus grobem Sackleinen übergestreift, *Äsch op dä Kopp* und *Kääz aan* (eine geweihte Kerze im Kölner Dom anzünden) – und schon ist alles vergeben! In unseren säkularen Zeiten ist nur noch das Kreuz aus geweihter Asche übrig geblieben, das der Priester den Gläubigen auf die Stirn zeichnet. Und natürlich die Redewendung, die vom Rhein in den gesamten deutschen Sprachraum gelangt ist.

3.

Die Redewendung stammt aus der Shakespeare-Tragödie *King Lear*. Im Zusammenhang mit der Verteilung seines Erbes fragt König Lear seine drei Töchter, wie sehr sie ihn lieben. Nach blumenreichen, aber leider gelogenen Liebesbeteuerungen vonseiten der älteren Töchter erklärt Cordelia, die Jüngste, sie liebe ihn so sehr wie Asche. Sie meint damit die segensspendende Asche, die als Dünger auf die Felder aufgebracht wird und neues Leben hervorbringt. Ihr Vater sieht aber nur den wertlosen Aspekt und verstößt Cordelia. Ein Sack Asche, der ihr auf den Rücken gebunden wird, ist ihr einziges Erbe. Als König Lear nach zahlreichen Verwicklungen am Ende des Stückes erkennt, welche seiner Töchter ihn wirklich liebt, ist es zu spät.

4.

Mundus vult decipi (»die Welt will betrogen werden«) oder auch »Klappern gehört zum Handwerk«: Bei dem Sack der bereits im frühen Mittelalter nachgewiesenen Redensart (ursprünglich: »mit Sack und Asche gehen«) handelt es sich um den Bettelsack (vgl. auch die lateinische Wendung *ad saccum ire* für »betteln gehen«). Um die Wirkung ihrer lautstarken Klagen zu verstärken, schleppten sich junge und eigentlich unversehrte Bettler nicht nur mit Krücken dahin, sie streuten sich auch Asche auf die Haare, um älter und damit bedürftiger auszusehen und so mehr Almosen zu erhalten.

Jemandem auf den Schlips treten

Fühlt sich jemand »auf den Schlips getreten«, so ist er beleidigt, gekränkt, eingeschnappt – er sitzt, frei nach Tucholsky, »auf dem Sofa und nimmt übel«. Meist suggeriert die Wendung allerdings, dass die verstimmte Reaktion etwas übertrieben ist. Aber ist die Krawatte nicht viel zu kurz, als dass jemand drauftreten könnte? Und wie ist der Ausdruck zustande gekommen?

1.

Die Redensart stammt aus dem Mittelalter und lautete ursprünglich »auf die Schleppe treten«. Damals trugen die Damen Kleider mit langer Schleppe – je vornehmer die Dame, desto länger das Gewand. Die Hofnarren, die ja die sprichwörtliche Narrenfreiheit genossen, machten sich einen Spaß daraus, auf die Roben der Damen zu treten und diese so am Weitergehen zu hindern. Als edle Dame durfte man sich jedoch nichts anmerken lassen und musste würdevoll warten, bis der Hofnarr kichernd von alleine die Schleppe wieder verließ. Im Laufe der Sprachgeschichte wurde aus dem Accessoire der (zum Glück nicht mehr zeitgemäßen) Damentracht eins der Männermode.

2.

Der Ausdruck hatte ursprünglich gar nichts mit Mode zu tun, sondern mit Mobilität. Er geht zurück auf das mittelhochdeutsche Wort *slite* (»Schlitten«), das im Zuge der zweiten Lautverschiebung zu »Schlips« wurde. Zunächst lautete die Redensart also »jemandem auf den Schlitten treten« und bezeichnete die im winterlichen Böhmen beliebte Unsitte, sich als Skifahrer heimlich vom Pferdeschlitten mitziehen zu lassen, was zu einer vorzeitigen Ermüdung des Zugpferdes führte.

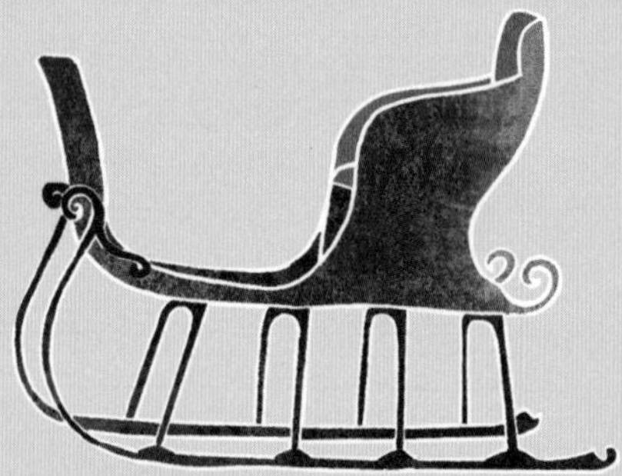

3.

Die Wendung bezog sich anfänglich auf den »Schlappen«. Das Wort entwickelte sich im 13. Jahrhundert aus dem mittelhochdeutschen *slap* (»schlaff«) und wurde zur Bezeichnung für schlecht sitzende, hinten offene Latschen oder Pantoffeln, lange Zeit ein durchaus gängiges Schuhwerk. Wer einer Person von hinten auf die Schlappen trat, brachte sie zu Fall – wie das Scheuerweib in Wilhelm Buschs Bildergeschichte, das sich an seinem knickerigen Dienstherrn rächt: »… tritt ihm von hinten auf den Schlappen, / versohlt ihn mit dem Scheuerlappen, / leert über ihm, ganz ohne Mühe, / den Eimer mit der schwarzen Brühe / und kündigt noch zur selben Stunde. / Dies war die Rache der Trudgunde.«

4.

Egal, ob sie kurz oder lang gebunden wird – jemandem auf den Schlips zu treten, solange er ihn um den Hals trägt, würde artistische Fähigkeiten erfordern. Entstanden ist »Schlips« aber aus einem Wort mit einer anderen Bedeutung: Der norddeutsche Begriff »Slips« kommt vom niederdeutschen *Slip*, was »Hemd-« beziehungsweise »Rockzipfel« bedeutete. Auf diesen zu treten, ist schon weitaus einfacher. Gebildet hat sich die Redensart mit der heute bekannten Bedeutung zur Zeit der langen Rockschöße, und zwar ursprünglich in Berlin, wo es ja sehr angeraten ist, sich von der sprichwörtlichen »Schnauze mit Herz« nicht auf den Schlips getreten zu fühlen.

Die Gelegenheit beim Schopf packen

Die Fähigkeit, eine gute Gelegenheit entschlossen zu nutzen, kann über Schicksale entscheiden. Eher selten erweist sich die Taktik des Zögerns als so segensreich wie im Zweiten Punischen Krieg, in dem der Feldherr Quintus Fabius Maximus Verrucosus (»der Warzige«) durch seine Hinhaltetaktik weitere Niederlagen gegen Hannibal verhinderte und dafür später den Ehrennamen *Cunctator*, »der Zauderer«, erhielt. Also nicht zögern und frisch die Gelegenheit beim Schopf packen! Aber, äh – wieso eigentlich »beim Schopf«?

1.

Der mittelhochdeutsche Begriff *gelegenheit* meinte sowohl generell die Lage, den Stand der Dinge, als auch das angrenzende Land. Habgierige Bauern ergriffen immer wieder diese *gelegenheit*, wenigstens ein Stück davon, indem sie bei Nacht den Schops – so hieß im Mittelalter der Grenzstein zwischen den Grundstücken (von lat. *scopulus*, »Felsen«) – versetzten, um das eigene Anwesen zu vergrößern. Dies führte zu der Redensart »die Gelegenheit beim Schops packen« und zu der Sage von einem solchen Übeltäter, der nach seinem Tod mit dem schweren Grenzstein auf dem Rücken herumspuken muss, bis er von einem Menschen mit reinem Herzen dazu gebracht wird, den Stein wieder an seinen ursprünglichen Ort zu setzen.

2.

Die Wendung bezieht sich auf Kairos, den Sohn des Göttervaters Zeus und Gott der günstigen Gelegenheit. Darstellungen zeigen ihn mit Flügeln an den Füßen und auf Zehenspitzen, denn er ist ständig in Bewegung. Noch auffälliger ist seine wallende Stirnlocke. Diese muss man ergreifen, wenn er vorübereilt, und zwar sofort und ohne zu zögern, denn sein Hinterkopf ist kahl – ist er einmal vorbeigeflitzt, hat man die Gelegenheit, ihn zu packen, ein für alle Mal verpasst. Sogar in die moderne Seelenkunde ist Kairos hineingesaust: Der Terminus »Kairophobie« bezeichnet die Angst, Entscheidungen zu treffen.

3.

Die Redensart »*die gelegenheit beim schoz paken*« ist zu feudalistischer Zeit entstanden. Dabei bezeichnete das mittelhochdeutsche Wort *schoz* den »Rockschoß«. Als Angehöriger des »niederen Volkes« musste man die oft nur kurz andauernde gute Stimmung des Höhergestellten erspüren und diese günstige Gelegenheit nutzen, indem man ihn (in wohlweislich gebückter Stellung) am Rockzipfel zupfte, um seine Aufmerksamkeit zu erregen und dann das eigene Anliegen vortragen zu können, bevor er mit wehenden Rockschößen davoneilte.

4.

Ursprung der Wendung ist eine der Lügengeschichten des Barons von Münchhausen (1720–1797), der nicht nur angeblich auf Kanonenkugeln ritt und halbe Pferde zur Tränke führte, sondern auch in einem Sumpf versank: »Und wäre ich wohl hier gestorben und verdorben«, schreibt der Baron, »hätte ich mir nicht an dem nämlichen Morgen einen neuen soliden Schopf [gemeint ist eine Zopfperücke] appliciren lassen, und so nutzte ich nun diese glückliche Gelegenheit, packte mich selber am Schopfe und zog mich samt dem Pferde, welches ich fest zwischen die Knie klemmte, aus dem Sumpfe hervor.« Wie es sich für einen derart erfolgreichen Erzähler gehört, zeitigte dieses Abenteuer gleich zwei Redensarten: »sich am Schopf aus dem Sumpf ziehen« und »die Gelegenheit beim Schopf packen«.

SCHNEEKÖNIG
ENZIAN
40%
e 1l

Sich freuen wie ein Schneekönig

Ich freue mich wie ein Schneekönig! Dieses Gefühl kennen wir alle, und allein den Satz mit Emphase auszusprechen, führt zu gehobenen Mundwinkeln und einem fröhlichen Kribbeln in der Kehle. Aber wer ist eigentlich dieser Schneekönig? Und worüber freut er sich so?

1.

Friedrich V., Kurfürst von der Pfalz, der als »Winterkönig« in die Geschichte einging, bekam 1619 die Wenzelskrone, die Herrschaft über das Königreich Böhmen, angetragen. Der Freudenausbruch des 25-Jährigen bei den Krönungsfeierlichkeiten in Prag nahm zwar das Volk für ihn ein, wurde aber vom Adel als nicht standesgemäß empfunden und leitete eine desaströse, nur einen Winter andauernde Regierungszeit ein. »Sich freuen wie der Winterkönig« meinte zunächst naives Jubeln über etwas, was sich im Nachhinein als unglücksbehaftet erweist. Im Laufe der Sprachgeschichte verlor der Ausdruck seine negative Konnotation und nahm in abgewandelter Form die heutige Bedeutung an.

2.

Bereits im 19. Jahrhundert nutzte man die lange, dunkle Winterzeit in den bayerischen Bergdörfern, wenn die Feldarbeit ruhte, gern für sportliche Aktivitäten. Vor allem Skirennen wurden mit großem Aufwand und unter begeisterter Anteilnahme des ganzen Landkreises ausgetragen. Der Sieger des Hauptrennens bekam den Titel »Schneekönig« verliehen. Die Freudenbekundungen der »Hoheiten« und ihres jeweiligen »Gefolges«, verbunden mit wilden Feiern und dem entsprechenden Enzianschnaps-Konsum, waren legendär und wurden bald sprichwörtlich – auch in Gegenden, in denen man sich mangels Schnee nicht ganz so königlich freuen konnte.

3.

Um den Zaunkönig ranken sich zahlreiche Sagen. So soll er sich etwa bei einem Wettbewerb, der zeigen sollte, welcher Vogel am höchsten fliegen kann, heimlich im Gefieder des Adlers verborgen haben; als dieser seine Maximalhöhe erreicht hatte, schlüpfte der Zaunkönig heraus, flog noch ein wenig höher und sang dabei triumphierend: »König bin i, König bin i!« Diese Trickserei bekam ihm allerdings schlecht: Vor der Rache des Adlers muss er sich noch heute in dichten Hecken verstecken. Dort jedoch singt er immer noch sein freudiges Lied, und zwar sogar bei Eis und Schnee, was ihm den Namen »Schneekönig« eingetragen und zu dem Vergleich geführt hat.

4.

Im Volksglauben wurden Naturkräfte und Jahreszeiten früher gern personifiziert. So konnte man sie beschwören und vielleicht sogar beeinflussen – etwa den »Junker Frühling«, die »Muhme Sommer«, den »Freiherrn Herbst« und den »König Winter«, in manchen Gegenden auch »Schneekönig« genannt. Zur Wintersonnenwende wurden in den Dörfern Feste mit Gesang und Tanz veranstaltet, in der Hoffnung, dass der Winter sich freuen würde wie – nun, wie ein Schneekönig und sich auf diese Weise milde stimmen ließe. Das klappte mal mehr, mal weniger gut, aber zumindest ein Erfolg war sicher: Nach einigen Wochen verzog sich der Winter stets wieder.

Edel
Korn
Von
echtem Schrot
und Korn
Mehl
NACH·R·SCHROT·U·
4

Von echtem Schrot und Korn

Meist bezieht sich die Redensart auf Menschen mit besonders aufrechtem Charakter oder solche, die einen Idealtypus verkörpern, etwa einen »Abenteurer von echtem Schrot und Korn«. Oft lässt die Wendung jedoch wohl eher an köstlich-gesundes Brot aus Weizenschrot mit ganzen Körnern darin denken. Sogar das Kundenmagazin des Biofachhandels trägt den Titel *Schrot und Korn*. Stammt die Wendung also aus dem Agrarbereich?

1.

Goldmünzen, Dukaten, Silberlinge – »klingende« Begriffe für verlockenden Reichtum. Doch wie wurde der Wert der Münzen bestimmt? Festgelegt wurde er durch Münzordnungen, z. B. durch die alte Erfurtische Freizinsordnung von 1495, wo es heißt: »die münzen sollen am schroit, gewicht und korn gerecht sein«. Als »Schrot« wurde zunächst das zur Prägung einer Münze verwendete Metallstück bezeichnet, dann generell das Gewicht einer Münze, während »Korn« für die Menge des enthaltenen Edelmetalls stand. Das Verhältnis dieser Elemente musste genau dem gesetzlich vorgegebenen entsprechen, dann hatte man es mit Münzen »von echtem Schrot und Korn« zu tun. In der übertragenen Bedeutung ist die Redensart seit dem 18. Jahrhundert belegt.

2.

Nach dem Zweiten Weltkrieg waren die allgemeinen Lebensbedingungen so prekär, dass der Kölner Kardinal Frings in seiner Silvesterpredigt 1946 sogar den Mundraub als vertretbar ansah; dies führte zu dem Verb »fringsen« für »etwas aus der Not heraus stehlen«. Doch auch das Ergatterte war meist von schlechter Qualität: Mehl etwa war fast immer mit Sägespänen oder Kastanien gestreckt. Erst mit der Währungsreform von 1948 besserte sich die Versorgungslage. Aus der jubelnden Werbung »Brot von echtem Schrot und Korn« einer Berliner Bäckerei entstand im Laufe der Zeit die heutige Redensart.

3.

Wer schon mal eine Schrotkugel aus dem Hasenbraten pulen musste, hat die Bedeutung von »Schrot« sozusagen am eigenen Leib erfahren, wenn auch nicht in so existenzieller Form wie der arme Hase. Während man auf kleinere Tiere mit einer Vielzahl von Schrotkugeln schießt, werden größere Tiere mit einzelnen Kugeln erlegt. Doch damit es überhaupt zur erfolgreichen Jagd kommen kann, braucht man qualitativ hochwertige Munition. Diese wurde ab dem 17. Jahrhundert durch das Qualitätssiegel »von echtem Schrot und Korn« gewährleistet, das sicherstellen sollte, dass dem Jäger nicht etwa Kugeln aus gebranntem Lehm angedreht wurden, die sich schon beim Schuss selbst in ihre Bestandteile zerlegten.

4.

Die Erfolgsgeschichte des Kornbrennens geht zurück bis ins 15. Jahrhundert – trotz zahlreicher Verbote und kirchlichen Wetterns gegen den Teufel Alkohol. Ab der Mitte des 19. Jahrhunderts erwuchs den Kornbrandherstellern jedoch eine unliebsame Konkurrenz durch die Produzenten des deutlich billigeren Schnapses aus Kartoffeln, mit dem der gute Kornbrand auch immer wieder gepanscht wurde. Um 1900 wurde schließlich ein Reinheitsgebot erlassen – mit dem Slogan »Von echtem Schrot und Korn«. Allmählich nahm diese Wendung die heutige Bedeutung an, die mit klarem Schnaps rein gar nichts mehr zu tun hat.

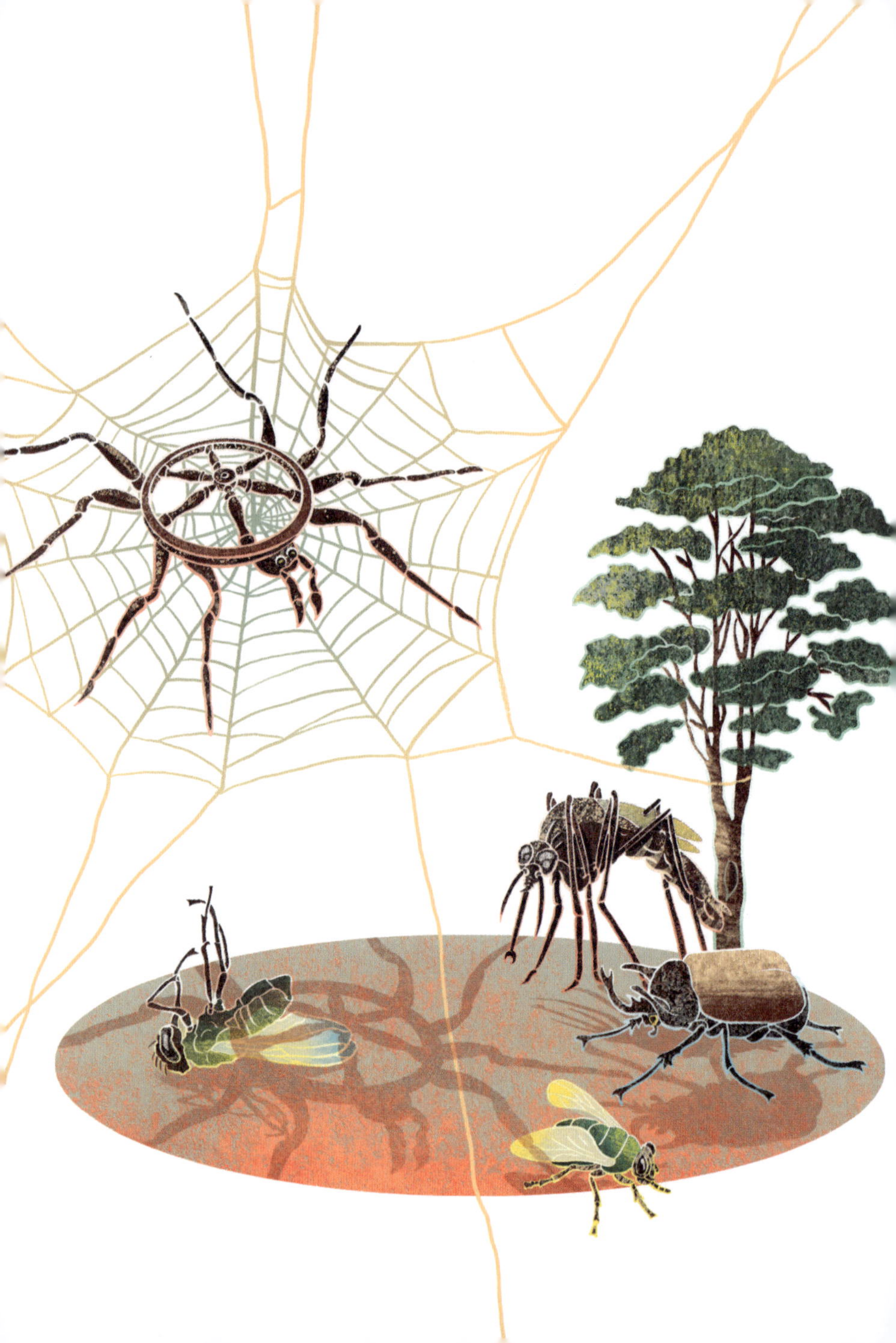

(Mit) jemandem spinnefeind sein

Wir alle wissen, was die Wendung bedeutet – und vielleicht gibt es auch Personen, denen wir spinnefeind sind oder waren. Aber wie verknüpfte sich das friedliche Haustier, das in unseren Breiten harmlos in seiner Ecke an der Zimmerdecke hockt und höchstens darauf hinweist, dass wieder mal ein ordentlicher Hausputz angeraten wäre, mit der Idee von bitterer Feindschaft?

1.

Die Wendung aus dem 17. Jahrhundert bezieht sich auf die berüchtigten Spinnhäuser, Strafanstalten für Frauen, die der Bettelei, Herumtreiberei und Prostitution bezichtigt wurden und zur Strafe und Disziplinierung oft mehr als zwölf Stunden täglich am Spinnrad zubringen mussten. In jener homophoben Zeit galt der Ausspruch »Du spinnst ja« als derbe Beleidigung gegenüber einem Mann. Gemeint war, dass der Beschimpfte ein »weibisches« Verhalten zeige und eigentlich in ein Spinnhaus gehöre. Eine solche Kränkung fügte man nur seinem ärgsten Feind zu – eben jemandem, mit dem man spinnefeind war oder es von da an ganz bestimmt sein würde.

2.

Die Redensart basiert auf der nordischen Mythologie. Die Weltesche Yggdrasil – der Kosmos – weist drei Ebenen auf: unten das Totenreich der Göttin Hel (vgl. »Hölle«), in der Mitte das Reich der Menschen und ganz oben das der Götter. In der Baumkrone sitzt ein Adler mit einer tiefen Abneigung gegen einen an der Wurzel lebenden Drachen. Eine Spinne mit Namen Ratatöskr bewegt sich an einem Faden auf und ab; dabei übermittelt sie dem Drachen die gehässigen Nachrichten der Adlers und umgekehrt. Sie dient also als »Bindeglied« zwischen den erbitterten Feinden, was zu dem Ausdruck *spinnan fiand* führte, der seit dem Mittelalter im deutschen Sprachraum nachgewiesen ist.

3.

Die Redewendung geht auf das Spinnen von Wolle und Flachs zurück, eine Tätigkeit, die in vorindustriellen Zeiten sowohl in der häuslichen Wohnstube als auch in öffentlichen Spinnstuben stattfand, wo die Frauen und Mädchen des Dorfes sich trafen, in gemütlicher Atmosphäre Märchen erzählten, frauenspezifische Informationen austauschten und plauderten. In gemütlicher Atmosphäre? Nicht immer. Offenbar gab es in den Spinnstuben ständig Eifersüchteleien, Streit und Zickenkrieg, in dessen Verlauf die Frauen sogar mit den Spindeln aufeinander losgingen. So bildete sich mit der Zeit der Ausdruck »jemandem spinnefeind sein«.

4.

Die Sitten sind rau im Spinnenreich. Nicht nur Fliegen, Mücken und Käfer werden im Netz gefangen und verspeist, sondern gern auch Artgenossen. Einer der Ersten, die den Kannibalismus mancher Spinnenarten in kindgerechter Form beschrieben, war Carl Ewald in seinem Buch *Mutter Natur erzählt* (1927). Auf die Frage der anderen Tiere in der Hecke, wo denn der Gemahl nach der Hochzeitsnacht abgeblieben sei, antwortet die Spinne lapidar: »Er sah so dumm und ekelhaft aus, wie er da neben mir saß. Da hab ich ihn gefressen.« Was allgemeines Entsetzen auslöst, aber biologisch völlig korrekt ist und zu der Redensart geführt hat.

Den Stab über jemanden brechen

Meist wird diese Wendung in eher begütigendem Ton geäußert – »Nun lasst uns nicht sofort den Stab über ihn brechen!« –, um darauf hinzuweisen, dass jemand nicht vorschnell verurteilt werden sollte. Hatte die Redensart auch ursprünglich mit einer Form von Gerichtsbarkeit zu tun?

1.

Die Redensart beruht auf einem jahrhundertelangen Gerichtsbrauch. Seit dem späten Mittelalter symbolisierte der Richterstab die Autorität des hohen Gerichts und musste vom Richter während der Verhandlung in der Hand gehalten werden. Wurde ein Todesurteil verhängt, zerbrach der Richter den Stab über dem Kopf des schuldig Gesprochenen und warf die Stücke zu Boden, um zu verdeutlichen, dass es für den Verurteilten keine Rettung mehr gab. Dazu sprach er die Formel: »Nun helf dir Gott, ich kann dir nicht ferner helfen.« Im Germanischen Nationalmuseum in Nürnberg ist noch heute ein zerbrochener Richterstab zu sehen, der 1879 im Fall des Mörders Ulherr zur Verkündung des Schuldspruchs diente.

2.

Bei dem in der Wendung erwähnten Stab handelt es sich um das Galanteriestöckchen der feinen französischen Dame in der zweiten Hälfte des 18. Jahrhunderts. Die *badine* (von frz. *badiner*, »scherzen, schäkern«) war ein unverzichtbarer Bestandteil des Liebesgeplänkels: Die Art, wie eine Dame sie hielt, deutete dem Verehrer die Erfolgsaussichten seiner Avancen an. Um eine unmissverständliche Zurückweisung von Kavalieren zu ermöglichen, war die *badine* mit einer Sollbruchstelle versehen; so konnte die Dame mit einer energischen Bewegung über die Träume des Galans »den Stab brechen« und sie so zunichtemachen.

3.

Die Redensart geht auf einen germanischen Kult zurück, der etwa im ethnologischen Traktat *Germania* oder *De origine et situ Germanorum* (ca. 98 v. Chr.) des römischen Geschichtsschreibers Tacitus überliefert wurde: Nach dem Rezitieren ritueller Zaubersprüche wurde ein frisch geschnittener Holunderzweig über einen Kranken gehalten, in den nach dem Volksglauben der krankheitsverursachende Dämon hineinfuhr. Durch das anschließende Zerbrechen des Stabs wurde auch die Macht des Dämons gebrochen. Die Wendung selbst ist erstmals in einem Text des Frühmittelalters nachgewiesen.

4.

In Frankreich erhielten die Marschälle ab dem 18. Jahrhundert als Insignie ihrer Würde einen Marschallstab, den *baton fleurdelisé*. Für den Fall einer unehrenhaften Entlassung aus der Armee war das Zerbrechen des Marschallstabs vorgesehen. So geschehen bei Marschall Ney, dessen Leidenschaft für die schöne Madame Récamier ihm zum Verhängnis wurde, da sich auch der Kaiser sehr für sie interessierte: Vor einem Militärgericht wurde Ney der (angeblichen) Feigheit vor dem Feind für schuldig befunden, woraufhin sein Marschallstab in einer öffentlichen Zeremonie zerbrochen wurde. Der aufsehenerregende Fall machte die Wendung *rompre le baton* in ganz Frankreich und bald auch als Lehnübersetzung in Deutschland sprichwörtlich.

Jemandem die Stange halten

In schwierigen Situationen wünschen wir uns Menschen, die uns die Stange halten, uns also unterstützen, verteidigen, uns mit Rat und Tat zur Seite stehen oder, wie man in Westfalen in humoristischer Verballhornung sagt, uns hilfreich in die Seite treten. Aber was ist das eigentlich für eine Stange, die da gehalten wird?

1.

Die Redewendung lautete ursprünglich – gegen Ende des 16. Jahrhunderts – »jemandem die Stange *hin*halten« und bezog sich auf eine finanzielle Zuwendung (vgl. »eine ganze/hübsche Stange Geld«). Heutzutage vermag eine Stange Euromünzen pekuniäre Schwierigkeiten kaum zu lindern. Eine aus Goldmünzen bestehende Stange in der Renaissance war da von einem anderen Kaliber. Der Bankier Jakob Fugger (1459–1525), dessen Vermögen heute 354 Milliarden Euro entsprechen würde, kam als Erster auf die Idee, Goldmünzen in Pergament zu handlichen Stangen zu verpacken. Billig war das Pergament nicht, aber so etwas bezahlte Jakob Fugger gewissermaßen aus der Portokasse.

2.

Mit »Zweikampf im Mittelalter« assoziiert man malerische Turnier-Szenen und Ritter in klirrender Rüstung, nicht aber ein Duell vor Gericht: Stand in einem Gerichtsverfahren Aussage gegen Aussage, konnten die Kontrahenten, mit Stöcken oder Schwertern bewaffnet, gegeneinander antreten oder professionelle Kombattanten (»Champione« oder Kämpen) für sich kämpfen lassen. Ziel war die Wahrheitsfindung – der Ausgang des Duells galt als Gottesurteil. Damit es nicht zu einer Verletzung oder Tötung kam, hielt der Kampfrichter zum Schutz eine Stange über den Unterlegenen. Im Jahr 816 wurde allerdings die Bestrafung des Verlierers wegen Meineids gesetzlich festgelegt: Er verlor die rechte Hand.

3.

Die Redensart bezog sich ursprünglich auf die Fahnenstange: Im Schlachtgetümmel des Dreißigjährigen Krieges war oft nur am Feldbanner zu erkennen, wo sich der entsprechende Truppenteil gerade befand. Der Fähnrich hatte daher die Anweisung, die Fahnenstange kontinuierlich hochzuhalten, sie unter Einsatz seines Lebens zu verteidigen und notfalls zwischen die Zähne zu klemmen, falls er die Arme im Kampf verloren haben sollte. Auf keinen Fall durfte das Feldbanner in die Hände des Feindes fallen, da sonst einer Irreführung der Soldaten Tür und Tor geöffnet waren. Den Kameraden »die Stange zu halten« konnte also entscheidend für den Ausgang einer ganzen Schlacht sein.

4.

Die Wendung entwickelte sich aus den Turnspielen des zu Recht umstrittenen Turnvaters Jahn. Neben Geräteturnen, Fechten und Schwimmen gab es zur Ertüchtigung der männlichen Jugend auch eine Art Hürdenlauf mit »lebendigen« Hürden: Dabei wurden die Stangen von ausgewählten Jünglingen auf einer genau festgelegten Höhe gehalten. Es war jedoch nicht auszuschließen, dass sich bei herbeilaufenden Freunden die Stange etwas senkte ... Ein Sieg hing also oft davon ab, wer einem die Stange hielt. Die Redensart entstand demnach auf dem Turnplatz in der Hasenheide bei Berlin, wo Jahn im Jahr 1810 den geheimen Deutschen Bund gründete.

(Mit etwas) Tabula rasa machen

»Tabula rasa machen«, das bedeutet, ganz neu anzufangen, Klarheit zu schaffen. Es gibt sogar die Lehnübersetzung »reinen Tisch machen«. Beide Formen sind beliebt und präsent im deutschen Sprachraum. Aus welchem Kontext aber stammt die Redensart?

1.

Die Wendung bezieht sich auf die biblische Geschichte von den Gesetzestafeln: Als Moses mit den zwei steinernen Tafeln, auf denen die Zehn Gebote niedergelegt sind, vom Berg Sinai herniedersteigt und feststellt, dass das Volk sich als Götzen ein Goldenes Kalb gebaut hat und diesem durch Tänze und Opfergaben huldigt, zerschlägt er, rasend vor Zorn, Kalb und Gesetzestafeln. Zum Glück werden die Gebote daraufhin von Gott erneut ausgestellt – je fünf auf einer glatten, unbeschriebenen Steintafel (*tabula rasa*).

2.

Ursprung der Redensart war die Einführung des Zwölftafelgesetzes (*lex duodecim tabularum*) von 450 v. Chr., eine durch eine zehnköpfige Kommission (*decemviri*) gestaltete Gesetzessammlung, die auf zwölf Bronzetafeln geprägt und auf dem Forum Romanum ausgestellt wurde. Sie sorgte für Rechtssicherheit, denn bis dahin waren Gesetzestexte mündlich überliefert und teils recht eigenwillig ausgelegt worden. Vor der Aufstellung der Sammlung wurde in einem symbolischen Akt ein exemplarischer Satz eines alten Gesetzes von einer Bronzetafel abgeschliffen, was unter der Bezeichnung *tabula rasa facere* in die römische Geschichte und im frühen Mittelalter in der übertragenen Bedeutung in den gehobenen deutschen Sprachgebrauch einging.

3.

Die Redewendung geht auf eine Neujahrssitte des 18. Jahrhunderts aus Südtirol zurück. Dort wurde immer am 31. Dezember kurz vor Mitternacht der Familientisch mit vielen Köstlichkeiten aufwendig gedeckt, dann aber (und zwar zwingend innerhalb der Zeit der zwölf Glockenschläge) blitzschnell abgeräumt. Für das neue Jahr wurde, im Sinne eines radikalen Neubeginns, »reiner Tisch gemacht«, im Italienischen lautete das: *far tavola rasa* (*raso/rasa* bedeutet »kahl, rasiert«). Wenn die Glockenschläge verklungen und die Glückwünsche ausgesprochen waren, durfte der Tisch wieder gedeckt werden – allerdings mussten die Esswaren auf andere Vorlegeplatten gelegt werden. Und dann konnte das neue Jahr unbeschwert beginnen!

4.

In der Antike verwendeten die alten Römer – neben Papyrus und Pergament – wachsbeschichtete Holztafeln, die *tabulae ceratae*, vor allem für eher alltägliche Mitteilungen oder Notizen. Die Schrift wurde mit Griffeln in die Wachsfläche geritzt, dabei diente die Spitze des *stilus* als Stift und das abgeflachte Ende als Instrument zum Ausradieren von Buchstaben. Auch der gesamte Text konnte durch das Glätten der Oberfläche leicht gelöscht werden. Dann lag die Schreibfläche sauber, klar und bereit zum neuerlichen Gebrauch vor dem Nutzer, der im wörtlichen Sinne »Tabula rasa gemacht« hatte.

Den Teufel an die Wand malen

»Mal den Teufel nicht an die Wand!«, rufen wir, wenn wir jemanden davor warnen, von einer unerwünschten Zukunftsmöglichkeit zu sprechen und sie so womöglich heraufzubeschwören. Aber hat denn tatsächlich irgendwann einmal jemand im wörtlichen Sinn ein diabolisches Wandgemälde geschaffen?

1.

Zu Zeiten der Pest wurde an der Hauswand eines Kranken ein Warnzeichen angebracht, ein umgekehrtes griechisches Pi (für »Pest«), das aussah wie ein stilisiertes Teufelsgesicht mit Hörnern. Es bedeutete allen Vorübergehenden, dass in jenem Haus wohl alle sterben würden, denn Medikamente gab es ja nicht. Der »Teufel« an der (Haus-)Wand galt demnach als sicheres Zeichen des Unheils.

2.

Schon in der Antike glaubte man an Dämonen und Zauberei, und dieser Glaube zog sich über viele Jahrhunderte und durch sämtliche Kulturkreise. Insbesondere im Mittelalter waren böse Geister allgegenwärtig – Menschen mit »schwarzen Seelen« und finsteren Absichten war es sogar angeblich möglich, den Teufel herbeizulocken, indem sie etwa sein Bild an die Wand malten. Natürlich mussten solche Beschwörungen im Verborgenen geschehen, denn schon im 13. Jahrhundert konnte man wegen Hexerei zum Tode verurteilt werden, was allerdings eher selten geschah. Die eigentliche Hexenverfolgung mit Tausenden von Hinrichtungen begann erst Ende des 15. Jahrhunderts.

3.

Mönche, die sich im Mittelalter gegen die Klosterregeln versündigt hatten, wurden – je nach Schwere des Vergehens – mit Nahrungsentzug, körperlicher Züchtigung oder sogar Exkommunikation bestraft. Im Falle des Ausschlusses aus der Glaubensgemeinschaft jagten besonders strenge Orden sie dann aus dem Kloster, und zwar gehüllt in einen schlichten Kittel, der mit einem Teufelsgesicht in roter Farbe gekennzeichnet wurde. »Den Teufel auf das *Gewand* malen« bedeutete soziale Ächtung.

4.

Auch auf den mittelalterlichen Segelschiffen fürchtete man Tod und Teufel. Denn Letzterer war es ja, der Stürme schickte und dafür sorgte, dass das Schiff unterging. Zum Glück konnte man ihn bannen, indem man mit Ölfarbe winzige Teufelsfratzen in die Wanten malte. Dadurch verwandelte er sich in einen harmlosen Kobold, den Klabautermann, dessen Klopfen an die Bordwand zwar unheimlich, aber auch hilfreich war, weil es auf die Notwendigkeit einer Reparatur hinwies. In aufgeklärteren Zeiten wurde dieser Aberglaube anscheinend verworfen, schwang aber in dem Spruch »Mal den Teufel nicht in die Wanten« nach wie vor mit, um auszudrücken, dass der Aberglaube vielleicht, möglicherweise, den Teufel doch noch anlocken könnte …

K
Gold
wasser
Wodka
90% vol

Jemandem nicht das Wasser reichen können

»Der kann dem doch nicht das Wasser reichen!«, sagen wir, wenn jemand versucht, mit einer anderen Person zu konkurrieren, sich dabei jedoch als deutlich weniger kompetent, intelligent, beschlagen erweist. Aber was hat dieser Sachverhalt mit dem Anreichen von Wasser zu tun?

1.

Bei dem Wasser der Redensart handelte es sich ursprünglich um »Wasser«, das es in sich hatte, nämlich um hochprozentiges: Wodka (russisch für »Wässerchen«) ist, wie allgemein bekannt, eine klare Flüssigkeit, die nur so aussieht wie Wasser ... Bei dem traditionellen ostpreußischen Kartenspiel Kaschlan war es lange Zeit üblich (jedenfalls wenn Erwachsene es spielten), dass der Gewinner dem Verlierer zum Trost einen klaren Schnaps – meist eben Wodka oder »Danziger Goldwasser« – kredenzte. Im Umkehrschluss bedeutete das: Der Unterlegene konnte seinem Gegner *nicht* das Wasser reichen.

2.

An den französischen Fürstenhöfen des Absolutismus erfolgte das *lever*, das morgendliche Aufstehen des Herrschers, nach einem strengen Zeremoniell. Eine der Aufgaben, etwa das Aufziehen der Vorhänge oder das Leeren des Nachttopfs, übernehmen zu dürfen, war für einen Höfling eine große Ehre. Als besonders ehrenvoll galt es, dem König das Wasser in die Waschschüssel zu gießen, mit dem er sich dann sparsam Gesicht und Hände benetzte. »Er darf dem König nicht (mehr) das Wasser reichen« bedeutete zunächst, dass jemand in Ungnade gefallen war und nicht mehr am *lever* teilnehmen durfte. Die Redensart wurde auch an deutschen Höfen übernommen, lehnübersetzt und nahm allmählich die noch heute bekannte Bedeutung an.

3.

Das finstere Mittelalter war so finster nicht. Man aß zwar meist mit den Fingern, reinigte sich aber immerhin vorher und nachher die Hände. Bei Festessen an Fürstenhöfen reichten Diener dazu Schalen mit Wasser. Abtrocknen konnte man sich die Hände an einem Tuch, das die Tischdiener um den Hals trugen. Das Anreichen der Wassergefäße war natürlich keine anspruchsvolle Aufgabe, doch sie wurde nur Bediensteten übertragen, die in der Rangfolge weit oben standen und präsentabel waren. Wer seinem Herrn nicht das Wasser reichen konnte, war nur für die ganz niederen Tätigkeiten zu gebrauchen.

4.

Wie so viele Redensarten stammt auch diese aus der Bibel, und zwar aus der Parabel von den klugen und törichten Jungfrauen, die dem Bräutigam entgegenziehen, um ihm nach alttestamentarischer Sitte das Wasser zu bringen, mit dem er sich den Reisestaub abwaschen kann. Fünf der Mädchen gehen vorsichtig und passen gut auf ihr Wasser auf, die törichten Jungfrauen jedoch albern herum, verschütten ihr Wasser und werden vom Bräutigam mit harschen Worten zurückgewiesen. »Wahrlich, ich sage euch: Nur die, die mir das Wasser reichen konnten, dürfen mit mir zur Hochzeit hinein.«

Jemandem die Würmer aus der Nase ziehen

»Jetzt lass dir doch nicht so die Würmer aus der Nase ziehen!«, sagen wir mit deutlicher Ungeduld, wenn wir jemandem wichtige Informationen mühsam durch wiederholtes Nachfragen entlocken müssen. Auch im Englischen wird das Ausfragen mit einer »Entwurmung« verbunden: *to worm something out of someone.* Aber wie kommen die »Würmer« in die Nase?

1.

Die seit dem Mittelalter geläufige Wendung beruht auf einem Übersetzungsfehler aus dem Französischen und der Doppelbedeutung von *les vers*, was »Würmer« und »Verse« bedeuten kann. Von einem unbegabten Minnesänger wurde am burgundischen Hof gesagt: »*Il faut lui tirer les vers du nez*« (»Man muss ihm die Verse aus der Nase ziehen«). Wolfram von Eschenbach (ca.1170–1220) besaß zwar gute Französisch-Kenntnisse, aber hier irrte der Dichter beim Übertragen der Redensart ins Deutsche, sodass in der Übersetzung von Anfang an der Wurm drin war.

2.

Die Vorstellung, dass Krankheiten in Form von Würmern im Körper säßen, existierte schon bei den alten Germanen und hielt sich jahrhundertelang im Volksglauben. So gab es etwa den »Zahnwurm«, der Zahnschmerzen verursachte, und sogar den »Gewissenswurm« (vgl. die gleichnamige Bauernkomödie von Ludwig Anzengruber, 1874). Im 17. Jahrhundert priesen angebliche Wunderheiler auf Jahrmärkten lautstark ihre »Fähigkeit« an, melancholischen Menschen den »Gehirnwurm« aus der Nase ziehen zu können, machten sich mit Hokuspokus an ihnen zu schaffen und wiesen dann den wurmartigen »Übeltäter« vor, den sie geschickt im Ärmel versteckt hatten. Wenn der Kranke merkte, dass die Wunderkur keineswegs gefruchtet hatte, war der »Heiler« längst über alle Berge.

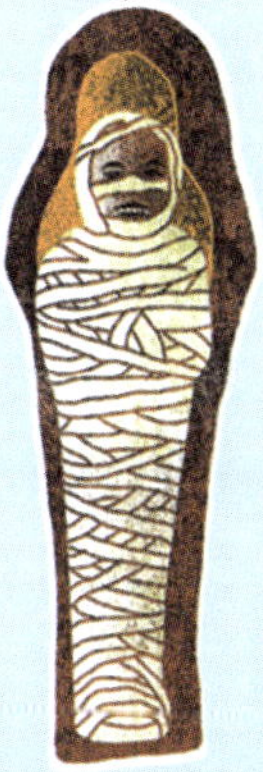

3.

Die Redewendung bezog sich ursprünglich auf die Begräbnissitten der alten Ägypter, die den Toten im Zuge der Einbalsamierung mit einem speziell geformten Haken das Gehirn durch die Nase entfernten. Beobachter aus anderen Kulturkreisen, die mit einer Mischung aus Schrecken und Faszination zusahen, waren manchmal aufgrund des verwendeten »Angelhakens« der Ansicht, es seien Würmer, die den Leichen aus der Nase gezogen würden. Die Prozedur des Mumifizierens wurde etwa vom griechischen Geschichtsschreiber und Völkerkundler Herodot (490/80 – 430/20 v. Chr.) beschrieben. Der in seinem Werk, das schon früh in andere Sprachen übersetzt wurde, nachgewiesene Wortlaut »Würmer aus der Nase gezogen« fand schließlich im 19. Jahrhundert Eingang in die deutsche Sprache.

4.

Die Redensart stammt aus Göttinger Studentenkreisen des 18. Jahrhunderts. Im Medizinstudium gab es ein gefürchtetes Lehrbuch von Prof. Dr. Theophilus Wurm (1715–1792), das man praktisch auswendig können musste, um das medizinische Staatsexamen zu bestehen. So entstand die Wendung »einem Studenten den ›Wurm‹ aus der Nase ziehen«, wenn dem nervösen Prüfling seine Anatomiekenntnisse erst durch intensives Nachfragen seitens des Professors entlockt werden konnten.

RAPUNZEL
1 Mile
WUESTENAU
DESERT
CLINIC
5m
Vacancy
DRINKS

Jemanden in die Wüste schicken

Wenn man jemanden »in die Wüste schickt«, dann stößt man ihn zurück, wirft ihn hinaus, entlässt ihn. Trotz des Mangels an echter Wüstenei in unseren geografischen Breiten ist die Wendung hierzulande erstaunlich lebendig; vielleicht wird ja der Klimawandel dafür sorgen, dass der Fortgeschickte es bald nicht mehr allzu weit hat …

1.

Die Wendung bezieht sich auf das 1892 gegründete Sankt-Antonius-Krankenhaus in der Wüstenfelder Straße in Berlin-Lichtenberg, die größte psychiatrische Klinik der damaligen Zeit, in die Leidende aus ganz Deutschland geschickt wurden. (Vgl. auch den Gassenhauer »Du bist verrückt, mein Kind, / du musst nach Berlin, / wo die Verrückten sind, / da jehörste hin!«) Von den dort eingelieferten Kranken wurde in Anspielung auf die Adresse der Klinik gesagt: »Die ham se in die Wüste jeschickt.« Mit der Zeit verlagerte sich der Fokus der Redensart von den Eingewiesenen auf die Hinausgeworfenen und verbreitete sich so in ganz Deutschland.

2.

Die Worte *wüeste* und *wüestenie* bezeichneten im Mittelhochdeutschen generell eine Einöde, eine unbehauste, wilde Gegend. Und in eine solche wurde die namensgebende Protagonistin des Märchens »Rapunzel« der Gebrüder Grimm geschickt (wodurch das Märchen zum Ursprung der Redensart wurde): Als Rapunzel von dem schönen Königssohn, den sie an ihren Haaren ins Turmzimmer gezogen hatte, schwanger wurde und die böse Fee dahinterkam, »verwieß sie Rapunzel in eine Wüstenei, wo es ihr sehr kümmerlich erging«. Natürlich endete die Geschichte dennoch glücklich – auch im Hinblick auf die deutsche Sprache, die um eine schöne Redewendung bereichert wurde.

3.

Der Ursprungsort der Redensart war die Wüstenlandschaft im Nahen Osten, von der im Alten Testament häufiger die Rede ist: So wurden etwa Hagar und ihr mit Abraham gezeugter Sohn Ismael, der spätere Stammvater der Araber, in die Wüste geschickt und von einem Engel vor dem Verdursten gerettet. Ebenso in die Wüste geschickt wurde ein vom Hohepriester an Jom Kippur, dem Versöhnungstag, mit den Sünden des gesamten Volkes Israel beladener Ziegenbock, der durch Luthers Bibelübersetzung als »Sündenbock« in die deutsche Sprache einging und letztlich auch verantwortlich für die noch heute geläufige Wüsten-Redewendung war.

4.

Wie unglücklich ein lebensfroher, intelligenter junger Mensch in einem Kaff im »Nirgendwo« sein kann, das hat Theodor Fontane eindrucksvoll in seinem Roman *Effie Briest* geschildert: Die temperamentvolle Protagonistin wird von ihrem älteren Ehemann nach Kessin in Hinterpommern verpflanzt. Ähnlich abgelegen war (und ist) Groß-Wüstenau, eine ihrem Namen zum Trotz winzige Gemeinde am Ende der Schmalspurbahnstrecke im Landkreis Rostock, deren Ödnis schon zu Anfang des 19. Jahrhunderts geradezu berüchtigt war. »Pass auf, dass du nicht in die Wüste geschickt wirst!« war eine scherzhafte Warnung, die unter den Kreisbeamten von Rostock kursierte und sich von dort aus schließlich in ganz Deutschland verbreitete.

ALTE ZÖPFE
1
2
3
5
6

Das ist ein alter Zopf

»Das ist so ein alter Zopf«, sagen wir wegwerfend, wenn eine überkommene, althergebrachte Sitte oder Ansicht nicht mehr ins moderne Leben passt und abgeschafft werden sollte, so wie man einen Zopf abschneidet. Aber wann wurde ein Zopf Bestandteil einer Redensart? Und um welchen Zopf handelte es sich?

1.

Ob Mozart, Goethe oder Friedrich der Große: Im 18. Jahrhundert trug man Zopf – aus Eigenhaar oder als Perücke, mit oder ohne Puder, frei flottierend oder mit Taftband umwickelt. Nach den üppigen Perücken des Absolutismus muss der Zopf elegant und geradezu minimalistisch gewirkt haben. Doch nachdem Frankreich – und damit auch Europa – von der Französischen Revolution durchgeschüttelt worden war, durfte sich auch das Haar freier entfalten. Der Zopf wurde danach nur noch von Konservativen getragen, während fortschrittlichere Kreise ihn als Sinnbild für Rückständigkeit verspotteten. Auf dem Wartburgfest 1817 wurde ein preußischer Soldatenzopf in einem symbolischen Akt verbrannt.

2.

Bei dem Zopf handelt es sich um eine bayerische Weihnachtsspezialität aus Hefeteig: In der Vorweihnachtszeit wurden stets mehrere Exemplare dieses Backwerks hergestellt; gut in Pergamentpapier eingeschlagen und in einer Blechdose verwahrt, hielt sich der Zopf problemlos bis zum Jahresende. Dann allerdings musste er aufgegessen werden, damit im neuen Jahr kein Unglück über den Hof kam. Der alte Zopf wurde aufgeschnitten (im Laufe der Zeit veränderte sich die Redensart zu »einen alten Zopf abschneiden«) und mit vereinten Kräften des ganzen Haushalts spätestens am Silvesterabend verdrückt.

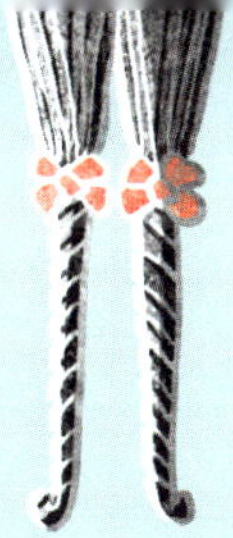

3.

In den frühen 1920er-Jahren war das Entsetzen mancher Familien groß, wenn die Tochter des Hauses ihre Haare nicht in Form eines Zopfs oder Dutts bändigte, sondern sich einen Bubikopf schneiden ließ. Die Wendung »einen alten Zopf abschneiden« in der Bedeutung »etwas Altmodisches abschaffen« stammt aus der Kurzgeschichte »*Bernice bobs her hair*« (1920) von F. Scott Fitzgerald: Im Bemühen, dem Ideal der modernen jungen Frau zu entsprechen, kürzt die Protagonistin ihr Haar, fällt damit aber der sozialen Ächtung ihres spießigen Umfelds anheim. Die Wendung im übertragenen Sinn ist in Deutschland seit Anfang der 1950er-Jahre nachgewiesen.

4.

Bei dem »alten Zopf« der Redensart handelt es sich um das sprachliche Überbleibsel des Begriffs »Alraunenzopf«, einer Zusammensetzung aus den althochdeutschen Wörtern *alb* (»Kobold, Mahr«), *runen* (»raunen, heimlich reden«) und *zoph* (»Locke, aufgestecktes Haarbüschel«). Die feinen Wurzelhaare der Alraune, die aufgrund ihrer teils menschenähnlichen Wurzelform als zauberkräftig galt, waren im frühen Mittelalter unerlässlicher Bestandteil zahlreicher magischer Riten – ihr zeremonielles Abschneiden sollte eine verjüngende Wirkung erzielen. Die Verlagerung der Bedeutung hin zur Abkehr von Althergebrachtem vollzog sich dann erst im 18. Jahrhundert.

Auflösung

Etwas aus dem Ärmel schütteln

Zack, aus dem Ärmel geschüttelt: Zutreffend ist die **Herleitung 2**, die mittelalterliche weit geschnittene Mode mit viel Stauraum an den Armen. Harry Houdini hat sich zwar in der Tat auf spektakuläre Art und Weise entfesselt und angeblich sowohl den Elefanten verschwinden als auch kleinere Tiere erscheinen lassen, die Redensart hat er aber nicht hervorgezaubert. Auch mit der Welt der schmierigen Falschspieler hat die Wendung nichts zu tun. Und Fortuna, die durchaus ein fester Bestandteil sowohl der römischen Mythologie als auch des Christentums war, schüttete ihre Segnungen stets aus dem Füllhorn und nicht aus dem Ärmel – wie sollte auch all das Glück, das wir uns vom Schicksal wünschen, in einen Ärmel passen?

In Bausch und Bogen

Korrekt ist die **Herleitung 4**: Tatsächlich geht die Redewendung auf das Vermessen von Grundstücken zurück, bei dem Aus- und Einbuchtungen der Bodenfläche nicht einzeln berücksichtigt wurden. Aus dem Begriff »im Bausch« für »im Ganzen genommen« ist sogar das Wort »Pauschale« entstanden. Mit den gebauschten Ärmeln der Biedermeierkleider hat die Redensart dagegen nichts zu tun und ebenso wenig mit dem Bogen als Waffe. Und auch wenn die Abgaben des Dritten Standes in Frankreich übermäßig hoch waren – ihnen ist sicherlich keine deutsche Redewendung geschuldet.

Kein Blatt vor den Mund nehmen

Offen gesagt, ohne ein Blatt vor den Mund zu nehmen: Belegt ist die **Herleitung 3**. Interessant, dass die Kunst immer wieder Mittel und Wege findet, die Zensur zu unterlaufen, wenn die freie Rede nicht möglich ist. Gelogen ist die rührende Geschichte vom Hirtenknaben und dem Jesuskind, reine Fiktion ist auch das Ludwig-Richter-Gemälde. Den Ausdruck »Blatt« kennen alle Skatspieler, ebenso wie das Pokerface, das sie bestimmt manchmal aufsetzen, obwohl es sich ja auf ein anderes Kartenspiel bezieht. Als Ursprung der Redewendung lässt sich das Kartenblatt jedoch ebenso wenig heranziehen wie das »Visierblatt« des Helms, das es als Bezeichnung der Heraldik nie gegeben hat.

Unter einer Decke stecken

Unter einer Decke steckten im Mittelalter die Neuvermählten – zutreffend ist also die **Herleitung 2**. Es war demnach mal nicht *der* Sprachschöpfer des Deutschen, Martin Luther, der die Redensart geprägt hat; die in Herleitung 1 erwähnten Redewendungen lassen sich dagegen samt und sonders auf ihn zurückführen, und auch seine Polemik gegen »des Teufels Larven« ist wahr. Authentisch ist zudem das Altartuch, das Antimension; es ist allerdings Bestandteil des Ritus der orthodoxen Kirchen und der katholischen Ostkirchen. Die insgeheim geteilte, aber nicht bezahlte Decke der mittelalterlichen Übernachtungserschleichung ist zwar wahrscheinlich, als Ursprung der Redensart aber ebenso wenig nachweisbar wie die fröhliche Maisitte des »Deckerlns«, die komplett erfunden ist.

Nicht viel Federlesen(s) machen

Wer im Mittelalter »Federn las«, der zupfte sie beflissen einem Ranghöheren vom Gewand. Zutreffend ist demnach **Herleitung 4**. Heutzutage würde auf eine solche Tätigkeit wohl mit Befremden reagiert – die Sitten ändern sich eben. Einige haben auch nie existiert, wie etwa das bayerische Gänsefeder-Orakel, das von A bis Z erlogen ist. An der gleichfalls erfundenen Wendung *(niht) vehede lazan* stimmt zumindest sowohl die sprachliche als auch die sachliche Vorgeschichte, nur der Fehdehandschuh ist umstritten. Und das mittelalterliche »Federlin«, das, wenn mit Fleiß entfernt und »gelesen«, Glück und Gesundheit der Familie begünstigte? Das ist reine Fiktion – obwohl Sauberkeit natürlich nie schaden kann. Den *Sachsenspiegel* jedoch, den gab es wirklich.

Ins Fettnäpfchen treten

Das Fettnäpfchen stand zur gefälligen Bedienung im bäuerlichen Hausflur des 19. Jahrhunderts. Hineinlatschen sollte man möglichst nicht, wenn man keinen Ärger bekommen wollte – korrekt ist also **Herleitung 2**. Das rot bemützte Wichtelmännlein als angeblicher Ursprung der Redensart ist hingegen Fiktion: Es stammt aus den wunderschönen Bilderbüchern von Astrid Lindgren, und zu Weihnachten (nicht etwa an dem erfundenen *tomtedagen*) bekommt es Hafergrütze oder Reisbrei mit einem ordentlichen Stück Butter in den Stall gestellt. Belegt sind wiederum die Gefahren des offenen Rampenlichts, das tatsächlich zu fürchterlichen Brandunfällen, aber nicht zur Redewendung geführt hat. Bei den im Rahmen des Menuett-Übens aus erzieherischen Gründen aufgestellten Fettnäpfchen handelt es sich allerdings um reine Fabelei.

Jemandem sind die Hände gebunden

Die **Herleitung 3** stimmt: Dem Vasallen waren beim Treueschwur zu seinem Lehnsherrn buchstäblich die Hände gebunden. Alle anderen Ursprünge sind geflunkert – sowohl das Hochzeitsband, das die Jungverheirateten »aneinanderfesselte«, als auch das Band des Gesetzes (einschließlich der feierlichen lateinischen Eidesformel bei der Einführung ins Richteramt). Das Verbinden der Hände zwecks Unterbindung des Daumenlutschens hat es allerdings bis in die Fünfzigerjahre des letzten Jahrhunderts leider tatsächlich gegeben, wie so viele absurde Maßnahmen fehlgeleiteter Pädagogik.

Das Heft in der Hand haben

Korrekt ist **Herleitung 1**; mit »Heft« ist tatsächlich der Schwertgriff gemeint. Herleitung 2 ist komplett geflunkert, auch wenn die geschilderten Besitz- und damit Entscheidungsstrukturen den traditionellen Gegebenheiten zahlreicher dörflicher Gemeinschaften durchaus entsprechen. Das Haushaltsbuch gab (und gibt) es, und in der Tat war dieses Heft früher sowohl als Übersicht für die Hausfrau selbst als auch oft als Rechenschaftsbericht für den Haushaltsvorstand gedacht.

Den Ursprung der Redensart bildete es jedoch nicht, ebenso wenig wie die Bezeichnung »Heft« für »Pinne«, die jeden Segler erstaunen würde. Erschwerend kommt hinzu, dass die etymologische Herleitung von dem Adjektiv »heftig« geklaut ist.

Auf dem Holzweg sein

Auf dem Holzweg ist man bei dieser Redewendung nur dann nicht, wenn man sich auf die **Herleitung 4** verlässt, die als Einzige korrekt ist: Ursprung ist der Waldweg, der nur zum Transport von gefällten Bäumen dient. Auch Knüppeldämme gab und gibt es, nur bahnten sie keiner Redewendung den Weg. Der Hollerweg mit seiner verführerisch-benebelnden Duftnote hat hingegen nie existiert und konnte deswegen auch nicht von Eva in den *Höhlenkindern* erwähnt werden; ihre Äußerung lautet: »Hast 'leicht Schwindelbeer [Tollkirsche] gegessen?« Allerdings ist »Holler« in der Tat die süddeutsche und österreichische Form von »Holunder«, wie das Kinderlied zeigt. Reine Dichtung sind die »Holden« genannten Waldgeister und ihre gefährlichen »Holdawege«, auch wenn das althochdeutsche Wort *holdo* durchaus belegt ist.

Jemandem Hörner aufsetzen

Zutreffend ist **Herleitung 2**: Das bizarre Detail, dass abgeschnittene Sporen im Hahnenkamm weiterwachsen, ist wirklich wahr. König Minos hingegen trug trotz des tierischen Fehltritts seiner Gattin nie die Stierhörner, schon weil er den Minotauros gar nicht tötete, sondern in ein Labyrinth sperrte, aus dem Theseus, der eigentliche Bezwinger des Minotauros, nur dank des Ariadnefadens wieder herausfand. Im tatsächlich existierenden Fastnachtsspiel von Hans Sachs ist nicht die Ehefrau untreu, sondern der Ehemann, dem deswegen auch keine Hörner aufgesetzt werden, weder metaphorisch noch in Form der Narrenkappe. Und das Abwerfen des Hirschgeweihs im Zusammenhang mit dem nach der Brunft abnehmenden Testosteronspiegels ist zwar zoologisch korrekt, nie aber ist es einem betrogenen Ehemann über die Tür genagelt worden.

Unter aller Kanone

Sub omni canone war in den Jesuitenschulen eine grottenschlechte Schülerarbeit; der wirkliche Ursprung der Redensart wird also in **Herleitung 1** beschrieben. *Sub tota canonicatio* klingt zwar so ähnlich, ist aber als Formel für die Ablehnung von Heiligsprechungen frei erfunden, während die Kriterien für die Kanonisation der Wahrheit entsprechen – nur zur Information für all jene, die schon immer die Heiligsprechung angestrebt haben. Häufiger als auf Heilige trifft man sicherlich auf »Kanonen«, also auf Leute, die irgendetwas unglaublich gut können, doch auch sie haben mit der Redewendung nichts zu tun. Ebenso wenig wie der Platz unter der Kanone, der in der Realität nie als besonders sicher galt.

Etwas auf dem Kerbholz haben

Das Kerbholz war ein gängiger Bestandteil wirtschaftlicher Beziehungen zwischen dem 15. und 18. Jahrhundert; korrekt ist also **Herleitung 2**. Der Ausruf »Kerbolz!« hingegen lässt sich auch bei genauester Lektüre weder im Werk von Wilhelm Busch noch sonst irgendwo nachweisen, obwohl »Kobold« (und damit auch »Kobolz«) tatsächlich zunächst auf der zweiten Silbe betont wurde. Leprakranke mussten im Mittelalter in der Tat mithilfe von Warnklappern auf sich aufmerksam machen, die auch »Lazarusklappern« oder »Lepraklappern« genannt wurden. Die Bezeichnung *crepitaculum* existierte hingegen nicht, obwohl sie sich immerhin auf ein wirklich existierendes lateinisches Verb berufen kann. Und auch die geheimen »Zinken« des »fahrenden Volkes« sind zwar unauffällig in die Haustüren gekerbt worden, haben aber mit der Redensart nichts zu tun.

Ein Klotz am Bein sein

Zutreffend ist der in **Herleitung 3** beschriebene gesamteuropäische Klotz. Es stimmt zwar, dass ein Gewicht an durch Polio gelähmten Kinderbeinen als einer der zahlreichen fruchtlosen Therapieversuche eingesetzt wurde (und tatsächlich gibt es eine entsprechende Passage in Stefan Zweigs Roman), die Redensart lässt sich jedoch nicht darauf zurückführen. Auch die Sockelschuhe aus Holz (*zoccoli*) hat es im Italien der Renaissancezeit gegeben – ein Modeextrem, das vermutlich ausnahmsweise mal sowohl von den Ehemännern als auch seitens der Kirche begrüßt wurde, schränkten die klobigen Schuhe doch die

Damen in ihrer Bewegungsfreiheit so stark ein, dass weder Seitensprünge noch überhaupt irgendwelche Sprünge möglich waren. Zu keiner Zeit aber hießen diese Schuhe *chioccinelli*, schon weil es das Verb *chioccinare* nie gegeben hat, und noch viel weniger fanden sie Eingang in den deutschen Sprachgebrauch. Und der Kloben? Alle Einzelheiten über die Art des Vogelfangs sind belegt, zur Redewendung hat der Kloben am Vogelbein jedoch nicht geführt.

Einen Korb bekommen

Einen Korb – und zwar einen kaputten – bekam im Mittelalter der unliebsame Verehrer: Zutreffend ist also **Herleitung 4**. Die Geschichte von Äsop und dem Brotkorb wird häufig im Lateinunterricht gelesen, die Umdeutung des Korberhalts und seine Einwanderung in den deutschen Sprachgebrauch haben jedoch nie stattgefunden. Auch der Körbchentanz war nicht der Ursprung der Redensart, ebenso wenig wie der (erfundene) Korb mit Lebkuchen, den die Verlierer des Sängerwettbewerbs von Nürnberg als Trostpreis bekamen. Die »Meistersinger-Lebkuchen« allerdings, die kann man tatsächlich kaufen.

Das geht auf keine Kuhhaut

Die besonders Sündhaften sollten sich vielleicht bei Gelegenheit fragen, ob das Verzeichnis ihrer Verfehlungen wohl auf einer Kuhhaut Platz hätte, denn korrekt ist **Herleitung 1**. Das Garen im Bett wird zwar tatsächlich hier und da als energiesparende Möglichkeit insbesondere zur Reisbereitung beschrieben, als Ursprung von »Kuhhaut« kann die *couette* (frz. für »Daunenbettdecke«) jedoch keinesfalls gelten. Auch die scholastischen Disputationen hat es gegeben; angeblich ging es dabei sogar um Engel auf Nadelspitzen, doch das ist nicht zweifelsfrei überliefert. Sicher ist nur, dass der Kuppelhut – getragen von Damen in der griechischen Antike – dabei nicht thematisiert wurde. Und die Söldnertruppen des Dreißigjährigen Krieges haben während der leider wahren Plünderungen niemals ihre Beute in einen »Kuhhaut« genannten Tornister gestopft.

Jemandem auf den Leim gehen

Sind Sie den Fantasie-Ursprüngen auf den Leim gegangen? Wahr ist die **Herleitung 1**, sowohl die Falle für die armen Vögelchen als auch das Gericht mit Rettich. Wer sich von der Fliegenfänger-Geschichte hat einfangen lassen, kann sich zumindest damit trösten, dass alles stimmt – bis auf den Zusammenhang mit der Redensart. Den Münchner Stadtteil Laim gibt es ebenfalls, und tatsächlich haben die Lehmvorkommen zum Ortsnamen geführt. Die Minderwertigkeit des Laimer Lehms ist hingegen geflunkert. Und sogar der Hasenleim entspricht der Wahrheit. Doch der einsame und daher übermäßig kommunikative Leimsieder – diese Herkunft lässt sich auch mit großer Mühe der Redensart nicht ankleben.

Jemandem die Leviten lesen

Auch in Bezug auf diese Redensart wurde wieder viel gelogen – genug, dass dafür ein Lesen der Leviten angebracht wäre? Wahr ist jedenfalls **Herleitung 2**: Tatsächlich beruht die Wendung auf dem Lesen des »Levitikus«. In Darstellung 1 ist lediglich das Italienisch korrekt, der mittelalterliche Glaube an das Verlesen der Sünden ist dagegen geflunkert. Elijah Levita und seine Ritterdichtungen wiederum sind real und berühmt; die Lesung der ironischen Schlusspassagen durch besondere Fans ist allerdings frei erfunden. Und von dem abgrundtief bösen Leviathan künden in der Tat zahlreiche alte Schriften; keine einzige Quelle aber spricht von den Leviathan-Eiern und der Möglichkeit, durch das Auflesen und Vernichten derselben die Vergebung der eigenen Vergehen herbeizuführen. Schade eigentlich!

Den Nagel auf den Kopf treffen

Wer hier auf **Herleitung 3** tippt, hat den Nagel auf den Kopf getroffen, denn mit einem Nagel war die Mitte der Schießscheibe markiert. Gewürznelken, die »Näglein« des Schlafliedes, wurden in der Tat als Heilmittel, zum Beispiel bei Zahnschmerzen, angewandt; so kompliziert ist ihre Handhabung allerdings nicht, weshalb sie auch nicht den Ursprung der Redewendung bildeten. Und während »Hau den Lukas« früher auf Jahrmärkten eine beliebte Attraktion war, hat das spritzige Wasserspiel »Hau den Nagel auf den Kopf« diesen Status nie erreicht, weil es ja nur erfunden ist. Auch das deutschbaltische »Nagelche« entspricht nicht der Wahrheit; allerdings gelten wohl in

Estland tatsächlich fünf- oder mehrblättrige Blüten der Fliederdolde als Glücksbringer. Ein hübscher Brauch, den man auch in Deutschland einführen könnte. Denn Glück kann man schließlich nie genug haben.

Sich etwas hinter die Ohren schreiben

Zutreffend ist die bizarre Maßnahme, die in **Herleitung 4** beschrieben ist, die also auf der Hoffnung beruht, dass jemand eine Information, die er mit körperlichen Schmerzen in Verbindung bringt, noch Jahrzehnte später wird reproduzieren können. Das Ohr als solches – beziehungsweise der Wulst dahinter – galt keineswegs als Sitz der Merkfähigkeit, weshalb das Tippen darauf als Erinnerungsgeste auch komplett geschwindelt ist. Nicht geflunkert ist leider die mittelalterliche Strafe des Ohren- und Fingerabschneidens. Dass diese Tortur jedoch in einem Akt menschenfreundlicher Fürsorge durch ein Brandzeichen hinter dem Ohr ersetzt wurde, um dem reuigen Sünder ehrliche Arbeit zu ermöglichen, das hält einer historischen Überprüfung nicht stand. Und auch die kleinen Taschen unter den Perücken zur Unterbringung von Erinnerungsstücken »hinter den Ohren« hat es nie gegeben – obwohl unter den riesigen Perücken ja weiß Gott genug Platz gewesen wäre!

Bis in die Puppen

Bis zu den Puppen spazierte man im Berlin des 18. Jahrhunderts, auch wenn es recht weit war – **Herleitung 4** entspricht demnach der Wahrheit. Das lateinische Wort *puppis* existiert in der angegebenen Bedeutung, es ist jedoch nie in übertragener Bedeutung in den Volksmund gelangt. Das wunderschöne Glockenspiel mit seinen Figuren im Münchner Neuen Rathaus kann man tagsüber um 11 und um 12 Uhr hören und sehen – der Nachtwächter erscheint aber schon um 21 Uhr, also nicht besonders spät, sondern zu einer durchaus zivilen Zeit. Und strenger Frost kommt zwar hier und dort vor, wurde aber nie von Biologen als Frost »bis in die Puppen« bezeichnet.

Außer Rand und Band geraten

Zutreffend ist **Herleitung 2**: »Außer Rand und Band« war also ursprünglich einfach ein kaputtes Fass. Das Realerbteilungsrecht hat, als Folge der Zersplitterung des bäuerlichen Besitzes, in der Tat eine nicht zu unterschätzende Armut hervorgebracht; mit der Redewendung haben die losen Kornhalme auf dem Nachbaracker jedoch nichts zu tun. Und auch das Band des Korsetts, mit dem die unfassbar schmalen Taillen des 19. Jahrhunderts erzeugt wurden, hat keine Redensarten, sondern höchstens Gesundheitsschäden hervorgebracht. Da ist Tennis deutlich gesünder. Wahr ist, dass die Sportart aus England stammt und die Bekleidung ursprünglich eher unpraktisch anmutete; ein Zusammenhang zwischen dem weißen Sport und der Redewendung lässt sich dennoch nicht herstellen.

In Sack und Asche gehen

Korrekt ist **Herleitung 1**, wobei auffällt, dass »Sack« nicht, wie man denken würde, ein Kleidungsstück aus Sackleinen meint, sondern eben den traditionellen Trauer-Lendenschurz aus Ziegenhaar. Auf den Kölner Aschermittwoch lässt sich die Wendung hingegen nicht zurückführen; dieser hängt mit der Asche verbrannter geweihter Palmwedel des vorjährigen Palmsonntags zusammen, mit der ein Kreuz auf die Stirn gezeichnet wird. Cordelia aus *King Lear* äußert ihre Gefühle für ihren Vater ohne Bezug zur Asche, allerdings mit einer Sachlichkeit, die diesen erzürnt, weshalb sie enterbt und ohne Mitgift (aber auch ohne Aschesack) mit dem König von Frankreich verheiratet wird. Und den Bettelsack gab es zwar, ebenso wie die authentische lateinische Redewendung, die aschebestreuten Locken der jugendlichen Bettler sind jedoch nicht belegt und konnten deshalb auch nicht zu der Redewendung führen.

Jemandem auf den Schlips treten

Es soll sich bitte niemand auf den Schlips getreten fühlen, aber die wahre Herleitung ist die **Herleitung 4**: Ursprünglich trat man auf den Rockschoß, nicht auf die Krawatte. Die mittelalterlichen Schleppen (»Swenzelin«) der Damen waren häufig wechselnden Kleiderordnungen unterworfen (noch im Jahre 1710 gab es etwa am Hofe Ludwigs XIV. strenge Regeln bezüglich der erlaubten Schleppenlänge für die Königin und für die Herzoginnen), aber vermutlich nicht den Späßen der Hofnarren. Dieser kleine Scherz ist frei erfunden, ebenso wie die

Rache des Scheuerweibs, wohingegen die Etymologie von »Schlappen« der Wahrheit entspricht. Geflunkert ist auch das hinterlistige »Auf-den-Schlitten-Treten«, das weder als Tätigkeit noch als Redensart je existiert hat.

Die Gelegenheit beim Schopf packen

Korrekt ist die **Herleitung 2**, die keineswegs an den Haaren herbeigezogen ist – oder vielleicht doch, nämlich an der Stirnlocke des eiligen Gottes Kairos. Die gute Laune der Höhergestellten auszunutzen, hat sich zwar schon immer empfohlen, eine Redewendung hat sich jedoch aus dem echten mittelalterlichen Wort *schoz* nicht ergeben. Belegt ist in zahlreichen Gegenden auch die Sage vom Versetzen des Grenzsteins mit ihren unheilvollen posthumen Folgen für den Betrüger und ebenso die mittelhochdeutsche Bezeichnung *gelegenheit* für das angrenzende Stück Land. »Schops« hieß der Grenzstein jedoch in keinem Dialekt, obwohl sich der Begriff vom existierenden lateinischen *scopulus* sehr gut hätte ableiten lassen. Und die Lügengeschichten des Barons von Münchhausen? Aus der Sumpf-Episode entstand tatsächlich die Wendung »sich am eigenen Schopf aus dem Sumpf ziehen«, aber mit der Gelegenheits-Wendung hat der Lügen-Baron nichts zu tun.

Sich freuen wie ein Schneekönig

Wie ein Schneekönig freut sich der Zaunkönig in **Herleitung 3**, dessen unermüdliches Zwitschern selbst bei Minustemperaturen tatsächlich zu der landschaftlichen Bezeichnung geführt hat. Die Einzelheiten um den glücklosen »Winterkönig« sind historisch belegt, zur Redewendung hat sein (frei erfundener) Jubel bei der Krönung jedoch nicht geführt. Auch der naheliegende Titel »Schneekönig« für den Gewinner des dörflichen Skirennens wurde nicht verliehen und konnte daher auch nicht zu den entsprechenden Glücksbekundungen führen. Und natürlich wurden Naturkräfte immer und überall vermenschlicht; die Bezeichnung »Schneekönig« für den Winter ist jedoch, ebenso wie seine Freude über Gesang und Tanz, in keiner einzigen Dorfchronik festgehalten.

Von echtem Schrot und Korn

»Von echtem Schrot und Korn« musste eine Münze sein, in exakter Einhaltung des vorgeschriebenen Verhältnisses zwischen Münzgewicht und dem Gehalt an Edelmetall. Zutreffend ist also **Herleitung 1**. Schrot und Korn in essbarer Form hingegen war nach dem Zweiten Weltkrieg echte Mangelware und daher meist noch nicht einmal durch das – zumindest in Köln sogar von hoher kirchlicher Stelle sanktionierte – Klauen zu ergattern. Der Werbespruch des Bäckerladens ist deswegen durchaus vorstellbar – nachgewiesen ist er jedoch nicht, am allerwenigsten als Ursprung der Redensart. Das Gütesiegel der Gewehrkugeln ist ebenfalls frei erfunden. Und auch wenn die bewegte

Geschichte des Kornbrands korrekt dargestellt ist – die Devise »von echtem Schrot und Korn« als Markenzeichen der ehrlichen Kornbrenner gab es nie, im Gegensatz zum offiziellen Reinheitsgebot, das deutschlandweit im Jahr 1909 erlassen wurde.

(Mit) jemandem spinnefeind sein

Wahr ist die Herkunft aus dem Tierreich, also **Herleitung 4**: Nicht nur die Gottesanbeterinnen verspeisen gern die Männchen, auch unter Spinnenweibchen ist der Kannibalismus weit verbreitet. Die Spinnhäuser und Spinnstuben früherer Jahrhunderte haben ebenfalls existiert, als Straf- und Arbeitsanstalten für Frauen sowie als dörfliche Treffpunkte. Die »Spinnefeindschaft« hat hier aber nicht ihren Ausgang genommen, auch nicht über die meist eher friedlich-kopfschüttelnd geäußerte Bemerkung »Du spinnst ja«. Und die Weltesche Yggdrasil der alten Skandinavier? Hier stimmt alles – bis auf die Tatsache, dass das feindselige Botschaften übermittelnde Tier mit dem knatternden Namen Ratatoskr keine Spinne ist, sondern ein Eichhörnchen, weshalb der Ursprung der Redewendung auch nicht aus dem Weltenbaum erwachsen ist.

Den Stab über jemanden brechen

Tatsächlich wurde früher der Richterstab über den Schuldigen gebrochen – zutreffend ist also **Herleitung 1**. Von ganz anderer Art war das Galanteriestöckchen, die *badine*, die in der zweiten Hälfte des 18. Jahrhunderts bei keinem Ausgeh-Outfit der eleganten Dame fehlen durfte. Das Stöckchen hatte aber keine Sollbruchstelle und wurde daher auch nicht zum Zeichen der Ablehnung vor den Augen des entsetzten Verehrers zerbrochen. Ebenfalls erfunden sind der Holunderstab aus der germanischen Heilkunst sowie das Eifersuchtsdrama, dem Marschall Ney zum Opfer gefallen sein soll. Den Marschallstab als solchen mit seinem schönen Namen, den jedoch gab es wirklich.

Jemandem die Stange halten

Korrekt ist die **Herleitung 2**: In einem mittelalterlichen Gerichtskampf konnte der Unterlegene vom Richter mit einer zwischen die Kontrahenten gehaltenen Stange geschützt werden. Dass einem jemand »eine Stange Geld hinhält«, ist eine wunderbare Vorstellung, als Ursprung der Redensart aber frei erfunden. Faktengetreu wiedergegeben sind hingegen die Verweise auf den unermesslichen Reichtum des Jakob Fugger, der als Erster Goldmünzen zu Stangen verpackte. Und auch die wichtige Rolle des Fähnrichs im Krieg ist historisch belegt. Verdient hätte er es daher, mit seiner Tapferkeit als Redensart in die Sprachgeschichte einzugehen – doch es hat nicht sollen sein. Das Senken der Hürdenstangen für Freunde bei Turnspielen ist wiederum frei erfunden.

(Mit etwas) Tabula rasa machen

Tabula rasa machten die alten Römer auf wachsüberzogenen Schreibtafeln – zutreffend ist also **Herleitung 4**. Zugeklappt, mit Lederriemen verschnürt und einem Siegel versehen, konnten die Tafeln sogar unter Wahrung des Briefgeheimnisses verschickt werden. Wie Moses' Reaktion auf das Goldene Kalb ausgesehen haben könnte, das zeigt Rembrandts Gemälde *Moses zerschmettert die Gesetzestafeln* in der Gemäldegalerie in Berlin; zur Redewendung führte sie jedoch nicht. Auch das symbolische Abschleifen der Bronzetafel bei der Einführung des – historisch belegten – Zwölftafelgesetzes kann nicht den Ursprung der Redensart gebildet haben, denn es hat nie stattgefunden. Erfunden ist zudem die fröhliche Südtiroler Silvestersitte; allerdings ist sie inspiriert von der spanischen Tradition, zum Jahreswechsel zwölf Trauben zu essen – bei jedem Glockenschlag eine.

Den Teufel an die Wand malen

Den Glauben an Zauberei gab es zu allen Zeiten; die Überzeugung, man könne böse Mächte wie den Teufel durch bildliche Darstellungen heraufbeschwören, führte letztlich zur Redensart – **Herleitung 2** entspricht also der Wahrheit. Bei allen anderen »Erklärungen« steckt der Teufel gewissermaßen im Detail – und zwar in jedem einzelnen, denn sie sind komplett ersonnen und ersponnen: von der Teufelsfratze auf dem Gewand der sündigen Mönche über die kleinen Teufelsgesichter in den Wanten der Segelschiffe bis hin zu den Warnzeichen an den Häusern, in denen die Pest herrschte.

Jemandem nicht das Wasser reichen können

Zum Waschen der Hände vor und nach der Mahlzeit wurden Edelleuten im Mittelalter tatsächlich Wasserschalen gereicht, wie in **Herleitung 3** zutreffend dargestellt wird. Zweifelhaft ist dagegen die Darreichung von Wodka als Trosttrunk für den Verlierer beim Kartenspiel. Dem absolutistischen Herrscher das Waschwasser zu reichen, war vermutlich durchaus eine Ehre; dies nicht zu dürfen, hat aber keine deutsche Redewendung verursacht. Und das Gleichnis von den klugen und den törichten Jungfrauen findet sich zwar wirklich in der Bibel, doch es geht dabei nicht um Wasser, sondern um Öl für Öllampen.

Jemandem die Würmer aus der Nase ziehen

Vermeintliche Würmer zogen schlitzohrige Jahrmarktsbetrüger den Kranken aus der Nase; korrekt ist also **Herleitung 2**. Herleitung 1 enthält zwar viele wahre Elemente – den burgundischen Hof, den Minnesang, die Doppelbedeutung von *vers* sowie Wolfram von Eschenbach –, aber die Redensart über den unbegabten Sänger und die fehlerhafte Übersetzung, die hat es nie gegeben. Im Gegensatz zu dem hakenförmigen Instrument, mit dem den Verblichenen vor der Einbalsamierung das Gehirn durch die Nase entfernt wurde. Die Assoziation dieses wahren Verfahrens mit Würmern ist jedoch ebenso erfunden wie der Mediziner Theophilus Wurm mit seinem Studenten schreckenden Lehrbuch.

Jemanden in die Wüste schicken

In die Wüste wurde nach biblischer Überlieferung der Sündenbock geschickt, der auf diese Weise stellvertretend sämtliche Missetaten des Volkes abbüßte – wahr ist also **Herleitung 3**. Die psychiatrische Klinik in der Wüstenfelder Straße in Berlin ist frei erfunden, nicht jedoch der Gassenhauer, der, wenn man »verrückt« als »kreativ, wild, ideenreich« interpretiert, eigentlich heute noch – oder wieder – aktuell ist. Auch die »Wüstenei« wird tatsächlich im Märchen »Rapunzel« erwähnt, hat aber nicht zu der Redensart geführt, ebenso wenig wie der wegen seiner Langweiligkeit gefürchtete Ort Groß-Wüstenau, den es zum Glück gar nicht gibt.

Das ist ein alter Zopf

Gemeint war ursprünglich der Zopf des 18. Jahrhunderts, der nach der Französischen Revolution als Symbol des Unzeitgemäßen, »Zopfigen« galt; zutreffend ist also **Herleitung 1**. Plausibel wäre auch die Herleitung aus den 1920er-Jahren, denn die weiblichen Kurzhaarfrisuren jener Zeit waren weit mehr als eine Mode: Sie drückten ein neues Lebensgefühl aus, waren aber nicht verantwortlich für die Redensart. Und ebenso wenig war das der altbackene Hefezopf, der dennoch aufgeschnitten und verspeist werden musste. Erfunden ist auch der »Alraunenzopf«. Zwar stimmen die Etymologie der Wortbestandteile und der mit der Alraune verbundene Volksglaube, die feinen Wurzelhaare mit ihrer Verjüngungspotenz sind jedoch reine Fantasie.

Literatur (Auswahl)

Die Bibel nach Martin Luther, Stuttgart: Deutsche Bibelgesellschaft 1999

Duden: Das Herkunftswörterbuch. Etymologie der deutschen Sprache, 2. Auflage, bearbeitet von Günther Drosdowski, Mannheim u. a.: Dudenverlag 1989

Duden: Redewendungen, 5., vollständig überarbeitete und erweiterte Auflage, Berlin: Dudenverlag 2020

Gerste, Ronald D., *Wie Krankheiten Geschichte machen. Von der Antike bis heute,* Stuttgart: Klett-Cotta 2019

Mahrenholtz, Katharina, *Allerhöchste Eisenbahn! Verliebt in 100 Redewendungen,* Berlin: Dudenverlag 2020

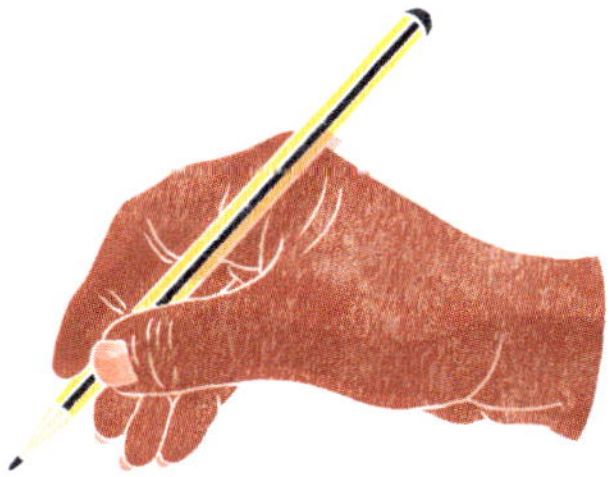

Meyers Großes Taschenlexikon in 24 Bänden, Mannheim u. a.: Bibliographisches Institut 1981

Röhrig, Lutz, *Lexikon der sprichwörtlichen Redensarten*, Freiburg im Breisgau: Herder 2003

Thiel, Erika, *Geschichte des Kostüms. Die europäische Mode von den Anfängen bis zur Gegenwart*, Berlin: Henschel Verlag 1997

Wer hat den Teufel an die Wand gemalt? Redensarten – wo sie herkommen, was sie bedeuten, Berlin: Dudenverlag 2018

Andrea Schomburg ist Kabarettistin und Autorin. Sie lehrt Lyrik und Theatertechniken an der Universität Lüneburg und hat neben Gedichtbänden für Erwachsene zahlreiche Kinderbücher veröffentlicht. Schon während ihres Sprachenstudiums war sie fasziniert von etymologischen Wörterbüchern und Wortgeschichte(n). Gemeinsam mit Irmela Schautz entwickelte sie die Idee zu dem Buch *Der geheime Ursprung der Wörter*, das 2020 bei DuMont erschienen ist. Doch das Aufspüren unbekannter sprachlicher Ursprünge ließ sie auch danach nicht los – was lag da näher, als die Gelegenheit beim Schopf zu packen und sich den Geheimnissen der Redensarten zu widmen?

Irmela Schautz studierte Malerei und Grafik in Münster sowie Bühnen- und Kostümbild in Stuttgart. Seit 2005 arbeitet sie als freie Illustratorin u. a. in den Bereichen Kinder- und Jugendbuch sowie illustriertes Sachbuch. Ihre Bücher schafften es auf die *Spiegel*-Bestsellerliste, die Shortlist der *World Illustration Awards* und unter die *Schönsten Deutschen Bücher*. Bei dem vorliegenden Projekt war es ihr Ziel, auf der Basis einer umfassenden sozial-, kultur- und geschichtswissenschaftlichen Recherche illustratorisch zu arbeiten und auf diese Weise das Spiel mit den Ursprüngen der Redensarten um weitere Dimensionen zu bereichern.

Bereits bei DuMont erschienen:

176 Seiten, 35 farbige Abbildungen, ISBN 978-3-8321-9966-1

Fast vergessene Wörter und ihre rätselhafte Herkunft

»Larifari«, »Kladderadatsch« und »Brimborium« – liebenswert altmodische, teils lautmalerische, immer aber prägnante Ausdrücke. Doch woher stammen diese Begriffe?

Geht »Papperlapapp« etwa auf den Professor Papperlapp zurück oder hängt es mit »pappsatt« zusammen? Ist es eine Verballhornung des französischen Wortes papotage (»Geschwätz«) oder vielmehr mit dem Wort »Pappe« verwandt?

Aus vier Herleitungen zu jedem Begriff gilt es, die einzig richtige zu erraten – der Rest ist völliger Humbug!

»Erst mit so tollen Wörtern wie Larifari, Halunke und Schlamassel macht Sprache richtig Spaß.«

KATHARINA KLUIN, STERN

Erste Auflage 2021

Text: Andrea Schomburg
Illustrationen: Irmela Schautz
Verlagskoordination: Vera Maas
Lektorat: Kerstin Thorwarth
Layout und Umschlag: Birgit Haermeyer
Satz: Silke Rieks
Druck und Verarbeitung: DZS Grafik, Ljubljana
Gedruckt auf säurefreiem und chlorfrei gebleichtem Papier

Printed in Slovenia
ISBN 978-3-8321-9997-5
www.dumont-buchverlag.de